確信と覚悟の経営

社長の成功戦略を解明する

大塚英樹
Otsuka Hideki

さくら舎

はじめに

長年にわたり、企業経営の最前線で「社長」という存在をウォッチしてきた。その中でいま、大きな変化が起きていることを感じる。世上よくいわれるビジネスモデルや経営上の話ではなく、もっと根本的に、社長つまりリーダーの「確信」と「覚悟」というものが問われる場面が増えてきた、と痛感するのだ。企業リーダーの「覚悟」は「確信」が前提となり、「確信」があるから「覚悟」することができる。

どんなによい商品、よいビジネスを展開していても、社長の覚悟のない企業は発展・成長しないし、今は好調でも、やがてすぐ衰退への道をたどっていくことになる。競争が激化し、後発企業が国境を越えてすぐにキャッチアップしてくるからだ。

携帯電話の世界で日本勢を蹴散《けち》らした韓国のサムスン電子は、アップルを追撃して世界首位を狙《ねら》っていたはずだった。ところが、調査会社の直近のデータでは、中国市場でシェアが急速に低下。価格競争力に勝る中国勢に迫《せま》られ、足元が揺らいでいるという。かつては日本の電機大手がサムスンに追いつかれて逆転されたわけだが、その栄華も長くは続かないかもしれない。このことは昨今のビジネスの厳しい現実を示す典型例だろう。

ビジネスがグローバル化した今、成功に胡坐《あぐら》をかいていられる安泰企業などどこにもない。そんな時代における社長の「確信」を前提とした「覚悟」とはいったい何なのか。私は、次に挙げる7つの覚悟があると考えている。

①　常に社員から見られているという「覚悟」

社長は、まずは「社員が自分を見ている」ということをもっと深く認識しなければならない。社長の本気度、人間性、言動、そのすべてが社員に見られている。また、そのような現実への覚悟がないと社長は務まらない。

あるときは「売り上げ優先だ」と言ったかと思えば、しばらくすると、その結果、利益がどんどん減ってしまう事態も起こる。そのとき、「これはやっぱり利益重視だな」と、コスト削減に舵《かじ》を切り、「来期は利益重視です」と方針転換を皆に伝える。今度は、期末になって競争相手が追いかけてくる。2位だったシェアが下がって、3位に転落する恐れが出てくる。焦った社長は、3月末決算のところ前年12月末くらいから販売ドライブをかけ始める。利益重視の方針だったはずなのに、年が明けた新年の所信表明で、「3月末までに何とか売り上げを上げよう！」と突然方針を転換する。まさに言行不一致が生じる。

社長は「経営判断だ」と思い込んでいて、自分の右往左往ぶりに気づいていない。その様子を見て、社員たちは「あー、社長はもう何を言ってもだめだな」と見切りをつける。

掲《かか》げられたビジョンに沿って努力をしても、朝令暮改《ちょうれいぼかい》ですぐに評価軸がブレる。だとしたら、社長の言うことを聞くことは社員にとってリスクでしかない。そこで社員たちは、「この社長は果たしてどこまで本気なのか」と本気度を試すようになる。

マーケットというのは常に変動し、環境は変化する。にもかかわらず、一貫性を保ち、ブレず、本気で率先垂範《そっせんすいはん》を続けなければならない。その姿を逐一見られている。そのような現在の環境下で社長を務めるということの過酷さを理解しなければならない。

②　顔の見える社長であり続ける「覚悟」

次に、「顔の見える社長」であり続けなければならない。経済ジャーナリストとして取材を申し込む際、最近よくあるのが、「プライベートの話などいろいろなことを聞かれる。だから今回取材には応じたくない」と言われるケースだ。はっきり言うが、これは認識が甘い。

社長はいまや、その任を引き受けた瞬間からオフィシャルな存在なんだということがわかっていない人が多すぎる。たとえ未上場であったとしても、社員が1000人以上いるような会社はもう社会の公器。その社長は完全にパブリックな存在である。だから、自分の言動、考え、思い、生活スタイル、自身の健康といったパーソナルな情報も含めて、社員に対してはもちろん、世間に対しても必要に応じてきちんと表明する「覚悟」がなければ務まらない。

自分がこの会社に入ってやってきたことはもちろん、自分の個人的な思いも含めてディスクローズしなければならない。そして、社長がそのようにディスクローズしていくことの価値が、以前にも増して重要になっている。「なるほどこの社長は、こういう経験をしてきて、こういう苦労をして、こうやって課題を克服してきたんだな。そして、これからこういうことを実現したいんだな」と、社内外の人が認識し、その人物が社長になった意味を理解する。さらには、その歩みや姿勢の中に、その会社の企業風土や企業文化を形作る共通項を認めていく。

その点、昔の社長は偉かった。一度会うと決めたら、書かれることを前提に、オープンに洗いざらい何でもしゃべる。裸になってこちらにぶつかってきて、すべて受けて立つという気概《きがい》が確かにあった。

もちろん最近、社長を務める人たちの中で、多くを話したくないという人が増える背景はわかる気がする。顧客、つまり製品やサービスの市場の動向だけに注視し、商品やサービスの提供を通して儲かる。売れたら儲かる。株価も高まる。かつてはそうした、シンプルな正の循環があった。ところが今、会社が株式市場でどのように評価されているかということを重視するようになっている。コーポレートガバナンス（企業統治）の問題、ＣＳＲ（企業の社会的責任）の問題など、社長としては、予想もつかないところで株価や会社の評価が下がるのではないかと発言に慎重にならざるをえないのだ。

しかし、そうしたリスクを背負っていることを理解しながらも、なお、若い頃からの経験やキャリアについて正々堂々と話せない人は社長になるべきではない、というのが私の考えだ。社長になった瞬間から、その人は「会社の顔」になる。都合の良いことばかりでなく、都合の悪いことも含めて、すべてを受け止めることができなければ、大勢の社員を抱えて、大きな企業の舵取りができようはずもない。

③　成功体験を否定する「覚悟」

業界には成功の鉄則のようなものがある。法則、常識、通説から成功体験まで、すべて否定する覚悟が必要だ。

今までなら業界のリーディングカンパニーが君臨し、あの会社がやっているから間違いないだろうと他社が追随《ついずい》し、真似をするというパターンがあった。しかし、今や成功のノウハウどころか、勝つための前提そのものがあっという間に移り変わる状況だ。だからこそ、常に「果たしてわれわれは、トップ企業に追随して同じことをやっているだけでいいのか」と疑わねばならない。無条件に信じることなく、次の手を打っておかなければならない。

ＧＡＦＡ（ガーファ：グーグル、アップル、フェイスブック、アマゾン）といった世界のトップ企業は、成功に驕《おご》ることなくスタートアップを買収して、次の技術革新、次のマーケットを押さえている。そのため、新しいムーブメントが来たときには、すでにその市場も技術も押さえられてしまっている状況だ。あなたの企業に、そんな未来への備えはあるだろうか？

これまでの成功体験のようなものに対し、「ちょっと待ってよ」「ちょっと違うんじゃないか」ということを発言する覚悟を持ち、未来を読み、新たな方法論を作らねばならない。もちろんトップ企業の後を追い、コバンザメで行ったほうが楽だが、リスクも伴う。だからこそ、成功体験を捨て去り、退路を断つ覚悟が必要なのだ。

④　不祥事に相対する「覚悟」

ここのところ、企業の不正やデータ改竄《かいざん》事件、不祥事といったものが目立つようになっている。要因はさまざまあるだろうが、その根底には企業文化の問題が横たわっている、と私は考える。

社長になったと同時に、この「企業文化」そのものを受け止め、先頭に立って改革していく覚悟が必要になる。自社ははたして、経営陣が本社でふんぞり返っているような企業文化ではないか。しっかり現場に足を運んでオープンな対話ができる企業文化か。「会社のため」ではなく、「世のため、人のため」「社会のため」という企業文化がしっかり埋め込まれているか。そうした点について深く沈思黙考《ちんしもっこう》しつつ、弱みを見出したら大胆に行動しなければならない。問題が発覚してからの対応では手遅れだ。

経営会議を本社で行う会社は多いが、問題は現場でしか起こらない。解決も現場でしかできない。ところが、これを本社の会議室で解決しようとするのが今の日本の多くの会社が抱える課題であって、結果的に現場の実態から乖離《かいり》してしまうことになる。企業文化を見つめ直し、きちんと現場主義に徹すると、必ず「見たくないもの」が出てくる。でも、それをしっかり見つめて、対処をしていかなければならない。

例えばデータ改竄事件ひとつとっても、改竄が起きたことそのものはもはや覆《くつがえ》すことができない。大事なのは「そこから」だ。なぜ改竄が起きたのかをつまびらかにし、どう対処するか、今後不正が起きないようにどのような改革を行うのか。すぐさま正しい施策を決め、表明し、実行しなければならない。

ところが、改竄がわかっても、なかなか動かない、あるいは調査をしない。マスコミで大問題になってからようやく記者会見をする。言い訳、誤魔化し、責任回避の姿勢が見られる。こうなると、会社の体質、姿勢そのものに疑惑の目が注《そそ》がれ、本来なら収束させるチャンスもあったはずのトラブルが、大炎上することになる。

現場と情報を共有し、忌憚《きたん》なく議論し、いざというときに絶えず備えている覚悟が必要だ。また同時に、普段から現場に足を運んで、毎日1人でも2人でも話をすることを積み重ねていなければならない。現場を知ろうという社長の姿勢や動き——これを社員が見ることによって、「ああ、うちの社長は現場主義に徹しようとする覚悟がある。本気だな」と感じるようになる。実際には言葉ばかりという人が多いので、その姿勢を伝えることは大切だ。

⑤ 真の現場主義を実現する「覚悟」

昨今、「現場主義」というものに対する勘違いが蔓延《はびこ》っている。これは、何でもかんでも現場に任せることではないのだ。以前、トヨタの張富士夫《ちょうふじお》社長（当時）に聞かされたことが今でも強烈に記憶に残っている。

「私たちは現場に権限を委譲《いじょう》している。製造ラインを止める権限さえ、現場の従業員1人ひとりに渡している。しかし、部品の内外製の判断は現場に任せない。役員マターにしている。現場は常に効率化、生産性の向上を目指している。それを考えたとき、『やりにくい部品は現場でやるより、外に発注したほうがよい』と、一般のメーカーは考えてしまいがちだ。でも、うちは違う。難しいものこそ自分たちでやるという考え方だ。将来、自社のコスト競争力の源泉になりそうな部品を外注してしまうと、現場の競争力強化の機会が失われてしまう。やりにくい部品ほど、創意工夫を繰り返しながら、他社に負けない競争力を持った部品にしていく。逆に、やりやすい量産部品は、外に出す」

この話に、目から鱗《うろこ》が落ちた。そう、現場主義とは、現場に判断を任せることではなく、このように現場の力を高め、競争力を高める判断を適切にできることなのだ。

たしかに効率化、生産性の観点で短期思考で考えると、より安く早くできたほうがよい。手間のかかるものは外に出してしまったほうが効率がいいかもしれない。しかし、経営的観点で考えると、その選択は、パーツの技術、モジュールの技術など、他社に真似できない強みを発揮できることが競争力の源になるにもかかわらず、そうした強みを捨て去るのと同じことにしかならない。

この相反する要素を見極め、現場にとって強みになるものを選別する。それが本当の現場主義というものだ。それを現場に任せるというのは、経営の放棄《ほうき》にほかならない。

現場に任せるべき範囲と、現場に任せてはいけない範囲がある。それを社長なり、経営陣が覚悟を持ってはっきり決めなければならない。そして、その場合でも、現場とのパイプはしっかり持たなければならない。経営陣の一方的な考えを押しつけろということでは決してない。

この点を勘違いしている経営者が多い。

⑥ 自分がこの会社をどうしたいのかを示す「覚悟」

社長はまた、自分がこの会社をどういうチームにしたいのかをはっきり示す覚悟を持たねばならない。そのビジョンを明確に表明できないのであれば、社長を引き受けてはいけない。

社長になる前から、この会社をどうしたいのか、あるいは、この会社の人たちをどういう方向に導きたいのか思考を巡《めぐ》らせ、「着地点」や「目的地」を見定める。これができていない人は社長になってはいけない。自社の強みを生かして、10年後20年後にはこの分野を伸ばし、こういう会社になる。それにより、社員1人ひとりがもっと充実した仕事に没頭し、豊かな暮らしを実現する――そういう明確な絵を示さなければならない。

⑦ 恒常的に利益を上げ、社会貢献する「覚悟」

恒常的に利益を上げることそれ自体が、企業にとって社会貢献になる。なぜなら、恒常的に利益を上げないと、社員の生活を安定させることができないからだ。2番目に、株主・ステークホルダーに還元ができないからだ。3番目に、先行投資や設備投資ができなくなるからだ。

そして、社会貢献ということは、多くの人が4番目に口にする。寄付のようなものと考えるのだろう。しかし、これは間違っている。社会貢献を実現するために利益の創出が必要で、その利益が、社員を生かし、株主・ステークホルダーへの還元、各種投資、そして製品やサービスを通して世の中をよくすることに繫《つな》がっていく。利益がなければいずれも実現できない。

自社のビジネスそのものが、社会にとってなくてはならないもの、感謝されるものになる。それにより利益を社会からいただき、さらに大きな還元をする。こういう大きな循環を成り立たせることこそ、企業経営である。


今、社長に必要な覚悟というのは、この7つに集約されると私は考えている。現在、社長を務めている人はもちろん、課長以上の人はすべて未来の社長候補である。自らもその構成員の一員である会社の社長を、お客様のように外部の目線で判断し、評論しているだけでよいはずがない。自分自身がやがてその立場になったとき、今挙げてきた7つの覚悟を持って経営にあたれるかどうか。そういう意識で、今日この瞬間に挑《いど》んでいるか――。私は、こういう意識で組織を変革できる社員を「№2」と呼んでいるが、社長から社員まで、そんな成長と改革への欲求を持った会社は強い。成長する会社とそうでない会社を分ける大きな分岐点がそこにある。

本書では16人の社長の「確信」と「覚悟」に迫っている。そして、その社長の下、本書で見るような革新・改革・変化・挑戦を実現すべく汗を流すのは1人ひとりの社員である。16社の苦闘の中に、読者の1人ひとりが目指すべき未来を感じてくれたとすれば、筆者として望外の喜びである。

なお、本書は「夕刊フジ」（産経新聞社）に、「成功するトップ」「挑戦するトップ」に改題）と題して、二〇一六年一一月二五日〜二〇一八年九月二七日に連載された記事を再構成・加筆したものである。前「夕刊フジ」代表、現産経新聞東京本社対外情報発信室長兼編集局編集委員の勅使川原豊氏には貴重な紙面をご提供いただき、前著に続いてお世話になった。また、さくら舎社長の古屋信吾氏には、いろいろ貴重なご助言をいただいた。ともに心から感謝申し上げたい。

末筆ながら、登場した方々の敬称はすべて略させていただいた失礼をお詫びしたい。

二〇一八年一〇月吉日

大塚英樹《おおつかひでき》

目次◉確信と覚悟の経営

3 松井道夫　松井証券社長

「お客を勧誘しない」改革が大反響

4 二橋千裕　東急百貨店会長

伊勢丹から単独赴任　カオスの街で最先端の店づくり

確信と覚悟の経営——社長の成功戦略を解明する

1 南雲忠信《なぐもただのぶ》　横浜ゴム会長
他社にない技術開発に心を砕く

初代「NSX」のタイヤ承認に成功

企業が生き延びていくには、その体質を社会の変化に対応できるものへと変えていくことが必要だ。では、会社を変えていくのは誰か。会社に新しい価値を生み出す社員に他ならない。では、社員のモチベーションを上げるのは誰か。トップの参謀役であり、トップと社員を繋《つな》ぐ複数の「No.2」ではないかと考える。私がいうNo.2とは、ヒエラルキーに基づく役職やポジションの「2番目」ではない。企業を変え、成長させる主役である。トップの掲《かか》げる企業ビジョンを実現すべく動く人であり、そのため実質的に社員を動かす人のことだ。副社長かもしれないし、中間管理職かもしれない。No.2については拙著『続く会社、続かない会社はNo.2で決まる』(講談社+α新書)に詳しい。

横浜ゴム会長の南雲忠信も、№2からトップに上り詰めた経営者の1人だ。

横浜ゴムは日本3位のタイヤメーカー。業績は好調で、5年連続増収増益（2011年度〜2015年度）を記録する。

南雲は、1969年、信州大学工学部を卒業後、横浜ゴムに入社。平塚製造所に配属以来、23年間タイヤの開発、11年間タイヤ生産に携《たずさ》わってきた技術系経営者だ。

南雲の特徴は、2004年に社長に就任すると、2006年には創業100周年に当たる2017年度に向けて12年計画「売上高1兆円、営業利益1000億円、営業利益率10％」をスタートしたことだ。まだ売上高4519億円、営業利益219億円（2005年度）のときだった。また、中国・アジア・北米・ロシアなど需要地域での「地産地消」を進め、世界8ヶ国に14のタイヤ工場を進出し、タイヤ全生産能力に占める海外生産能力比率を50％にまで高めるグローバル企業に成長させている。

南雲が№2として頭角を現したのは、タイヤ試験部、タイヤ技術センターを経て、タイヤ設計課に就いてからだ。

南雲は、常に他社にない技術開発を行うことに心を砕《くだ》いた。特に高度な技術を必要とされるレースマシン用タイヤやスポーツカー用タイヤなど高級車用のタイヤの開発に注力し、ポルシェ、メルセデス・ベンツなど高級車への新車装着市場を開拓した。

「南雲」の名前が業界に轟《とどろ》いたのは、ホンダのスポーツカー、初代「ＮＳＸ」のタイヤ承認を他社に先駆けて取り付けたときだ。設計課長の南雲は、「ＮＳＸの承認獲得」という目標を掲げ、課を挙げて全力で取り組んだ。まず、ホンダのニーズを徹底的に汲《く》み取る。ＮＳＸはアルミ製ボディで軽い。タイヤのサイズは前輪と後輪で異なり、右側と左側でも違う。４種類のタイヤの開発は困難を極めたが、試験部門と連携しながら開発を進めた。その結果、タイヤメーカーの中で最初にＮＳＸの承認を取り付けることに成功した。開発部隊のモチベーションが大いに高まったのは言うまでもない。

また、南雲は１９９２年から４年間、新城工場（愛知県）の技術課長、生産課長、副工場長時代にも№２シップを発揮している。同社は新城工場に「トヨタ生産方式」を導入し、生産改革を行っているが、その中心的な役割を果たしたのが南雲だった。

南雲忠信

「工程間の繋ぎ方、情報の流し方、受け渡し方などを徹底的に学びました。前工程の原料を入れるところから後工程の製品を出すまでが、糸がピーンと張ったようになっていなければならない。どこも緩《ゆる》んではいけない。在庫があっても大丈夫というのは、緩んでいる証拠です」

南雲は、部下700人の士気を高めることに力を注《そそ》いだ。

さらに、注目すべきは、南雲は、1997年、社長の萩原晴二の命により、同社初の海外工場をフィリピンに立ち上げたことだ。南雲は新城工場よりも工程間の距離を短くした。工程間の連携を取りやすくするためだ。腐心《ふしん》したのは、技術の伝承だ。最初は言葉が通じなくて困ったが、やがて、「イエス」「ノー」で技能を伝承していったという。フィリピン工場は同社の海外工場の「マザー工場」となった。

その後、南雲は、常務取締役タイヤ生産本部長、専務取締役タイヤ企画本部長に就任、№2として社長を支えた。

初の海外工場をフィリピンに立ち上げる

成功しているトップに共通するのは負けず嫌いであることだ。立ちふさがる障害が何であろうと成功するまで絶対にあきらめない。この負けず嫌いが集中力を生み、また瞬発力を生み出す。

そんなトップの典型例が南雲忠信だろう。

南雲が業界で注目されたのは、2006年、企業のトップリーダーとして、12年計画「売上

1兆円、営業利益1000億円、営業利益率10％」を掲げ、開始したことだ。以来、計画達成に向け、海外事業の拡大で成長をとる一方、「ムダどり」を普遍的全社活動として取り組むなど、コスト削減を追求し続けている。成果は、売上高7700億円、営業利益800億円、営業利益率10・4％（2017年12月期目標）という数字に表れている。

2004年、社長就任以来、現在まで14年間、経営の采配《さいはい》を振り続ける南雲は、社員に「常在戦場」の危機意識を植え付け、「努力すれば必ず目標は達成できる」という企業風土の醸成《じょうせい》に全エネルギーを注ぐ。

南雲のエネルギーの源泉は、負けず嫌いの気質にある。それを表すエピソードは枚挙《まいきょ》に暇《いとま》がない。

南雲が設計課長時代の1990年、他社に先駆けてホンダのスポーツカー、NSXの新車装着タイヤの承認を取り付けることに成功したのは、「他社に負けたくない」という一心からであった。NSXの承認取り付けは、会社にとって快挙だっただけに、南雲の名前は〝スター開発者〟として社内に知られるようになる。成功は慢心《まんしん》の元。南雲は有頂天《うちょうてん》になった。「これで設計部長、そのあとは技術本部長かな、なんていい気になっていました。すると突然、工場行きを告げられ、がっかりしました」と言う。

以来、南雲は随所で課題を克服し、目標を達成するが、その都度、自ら描いた昇格への

〝夢〟とは違う方向に導かれていく。

１９９２年、設計課長から新城工場の技術課長に異動した南雲は、４年間、与えられた課題「トヨタ生産方式」の導入を主導し、生産改革を成功させた。その間、南雲は製造課長、副工場長へと昇進した。すると、再び慢心が出た。生産改革で原価が下がり、生産性は向上し、品質も改善された。これで工場長は間違いなしだ、次は生産本部長だと夢を描いた。しかし、待っていたのは、フィリピンへの工場進出の任務だった。南雲は、「またか」と気落ちしたが、すぐに気を取り直し、「やってやる」と持ち前の負けん気を出すのだ。

フィリピンでは、１９９７年に赴任、翌年工場を立ち上げるといった工場稼働までの準備期間の最速化を実現した。さらに、生産効率を高めるため、新城工場よりも、工程間距離を短縮するなど、工夫を凝《こ》らした。また、現地採用の人材育成にも力を入れた。そうしてつくり上げた同社初の本格的海外工場の「フィリピン工場」は、海外工場の基本原則を定めたマザー工場となった。

フィリピンの新工場が稼働開始し、ゴムを練るときの臭いを初めて嗅《か》いだとき、感動で胸が震えた。そして、１９９９年に帰国を命じられたとき、南雲は１人で涙を流しながら、工場内を歩いた。よい工場に仕上がったという実感と、みんなよくやってくれたという思いからだった。

その後、南雲は取締役執行役員タイヤ生産本部長に就任する。

南雲の負けず嫌いの性格は、「努力すればなんでも達成できる」という信念と一体となっている。その原体験は、徒手体操部で鍛《きた》えられた高校時代にある。入部当初は毎日、体育館の端から端まで前回りをさせられ、体中が痛くなり、瘤《こぶ》だらけになった。しかし、1週間経つとスムーズに回れるようになってくる。

「365日、毎日厳しい訓練を受けていると、努力すれば必ずできると思うようになる。異次元の世界に飛び込むような宙返りだって、できるようになるんです」

南雲のチームが国体で優勝したのは1964年、高校3年のときだった。

機能不全病との覚悟の戦い

組織というのは、作られたときが最も新鮮で、効率よく機能する。ところが、1年、2年と時間が経って実績ができ、組織が大きくなれば、どんな組織も必ず「機能不全病」にかかる。いわゆる「マンネリ化」である。それが続くと、組織は弱体化し、やがては壊疽《えそ》になったようになり、死に向かっていく。要因としては、便宜上作られた制度そのものが主役となってしまう「過度の制度化」、本社の求心力が強すぎて現場が委縮してしまう「過剰なマネジメント」、「意見はあっても意思はなし」の評論家や体裁ばかりの「形式主義」の蔓延《まんえん》などが挙げられる。

また、症状としては、ヒラメ社員の登場、自己保身に走る社員の増加、イエスマンの跋扈《ばっこ》、セクショナリズムや前例主義の横行……などがある。

組織が存続する限り、トップの「機能不全病」との戦いは続くのである。

南雲忠信も同様、社長に就任以来、「機能不全病」との終わりなき戦いに挑《いど》んでいる。南雲の掲げた経営ビジョン「創業100周年に当たる2017年度に売上高1兆円、営業利益1000億円を目指す」も、機能不全病から守るための手法であった。南雲は言った。

「人間は必ずマンネリ化する。自分のやり方でいいんだと、こう思い始めたときが一番危ない。常に原点に立ち戻り、果たしてこれでいいのかと考え、次は違う方向でやってみようと自分自身に活を入れることが必要だ」

マンネリ化との戦いは覚悟のうえだと言う。

では、どうするか。

南雲は、機能不全病＝大企業病にかからないようにするためには、まず各部門の責任者の意識改革から始めなければならないと考える。責任者は、目標を掲げ、その達成に向けて部隊を1つにまとめて、率先垂範《そっせんすいはん》して突き進む。目標を達成するためには、部下のモチベーションを高めなければならない。社員のモチベーションが高まらなければ目標は達成できない。そのためには責任者たる者は部下を公正、公平に評価し部下から敬慕される人間でなければならない。

南雲は、部下のモチベーションが低下していると思われる部門長に対し、「出世して少しいい気になっていないか」とたしなめる。「それが言えるのはトップだけです。『みんなが、部下のモチベーションが下がっていると言っている。そこに気づかないと、先はないよ』と言わないといけない。マンネリ化しているときが一番危ない」と南雲は言う。

マンネリ化は、経営計画の進行にも悪影響を及ぼす。それだけに南雲は、とりわけ責任者には目標達成意識の甘さを厳しく指摘したり、計画の遅れを叱責したりして、責任者としての意識改革を促《うなが》すのだ。

「先日も、去年、稼働開始したある海外工場の責任者をテレビ会議で叱ったんです。彼は、将来自動化工場にしたいという理想を求めながら工場を徐々に立ち上げているという。そこで僕は言った。『計画通りの操業度に達していないじゃないか。タイヤ1本当たりの製造原価がいかに高くなっているか知っているか。操業度をもっと上げて、早く投資を回収してくれ。まず量を取る。理想の姿に持っていくのはそれからだ』と。トップは常に方向性をはっきりと言わなければなりません」

また、南雲が2006年、肝《きも》いりで始めた「ムダ取り」活動も、目的は「利益を出さなければならない」という意識を全社に浸透させることにある。

南雲は最初、女性目線でムダを発見させる「ムダ取り発見隊」を作らせた。隊は随所でムダを発見し、コスト削減に繋げていく。内容は、ウエス用古着回収により、ウエス購入量ゼロにする活動、動線改善による作業時間短縮、センサー設置で効果的に節水等々。こうしたムダ取り活動で、毎年１００億円規模のコスト削減を継続している。

「ムダ取りも成果を上げると気が緩む。だから毎年、顕著な成果を上げた部門には社長表彰を行って、新たな気持ちで取り組めるようにしているんです」

危機感を抱き、オランダＡＧＴを買収

私は、現在を「カオス（混沌）の時代」、言い換えれば、先の見えない「危機の時代」と捉《とら》え、その中で経営者自身がいかに危機を克服し、持続的成長を実現しているかに焦点を当てて取材を重ねている。成功する経営者は好不況、成果の良し悪しにもかかわらず、常に危機感を抱いている。それはもちろん、目先の業績の良し悪しというような小さなものではない。ＩＴ、ＡＩ（人工頭脳）、ビッグデータ、そしてサイバー空間のプラットホームを押さえた巨人ＧＡＦＡ（ガーファ：グーグル、アップル、フェイスブック、アマゾン）の出現……。根本的な産業構造の大転換に放り込まれ、答えがない中で、次なるビジネススタンダードでは自社の存在が根本から危うくなる可能性を間近に感じての危機感だ。10年後、自社が存続するためには何が必要か。見つめるのはただその一点だ。

南雲忠信も同様、2004年に社長就任以来、危機感を抱き続けている。それはビジョンや自分の思いを頻繁にブログと社内報で全従業員に伝えると同時に、毎月実施する全課長職との昼食会や各事業所の社員との対話会などでも熱く語り続けていることからもうかがえる。

そもそも一連の経営改革自体が危機感からきている。代表例が2006年からスタートした「2017年度に売上高1兆円、営業利益1000億円を目指す」12年計画だ。

「危機感は新人の頃から持っていた。僕が入社した頃はブリヂストンとの差は今ほど大きくなかった。『頑張れば追いつけるんじゃないですか。このままのやり方でいいんですか』と新年会などの宴席で訴えると、部長や役員は『バカなこと言っているんじゃない。敵は相当先を行っているんだから』とあきらめムードだ。これでは会社はよくならないと思っていた。現在の長期計画は社員に緊張感を持たせるためでもあるんです」

その他、地産地消の方針に基づく積極的な海外工場進出も、2014年、韓国クムホタイヤとの技術提携も、2016年、オランダATG（アライアンス・タイヤ・グループ）の買収も、すべて危機感から出た重い決断だ。特に注目すべきはATGの買収だ。社会変化のスピードが加速する中で、南雲が持続的成長を遂げるべく新しい方向性を考えるに当たり、自社の持てるものの中で、何が使えるか考え抜いた結果だ。

現在、世界のタイヤ市場は、中国、台湾など新興国勢の台頭により、先進国勢のシェアが低下するといった地殻変動が起きている。特に中国は生産設備を急速に拡大。「例えば、市場を〝松竹梅〟に見立てると〝梅〟クラスの市場を侵食しつつある」という。そんな中で、南雲は、①付加価値の高い新車装着市場をより強化していくこと、②事業分野を広げ、農業用、林業、建機、産機用タイヤなど生産財タイヤを拡充していくことを、基本戦略として打ち出す。ATG買収はそうした戦略の一環である。

「当社は生産財タイヤの規模に課題を感じてきた。ずっと先を見たとき、事業分野を広げておかないと、変化に対応できなくなる。ATGの買収はそうした危機感に基づくものです」

また、危機感から出た施策と言えば、社員の意識改革を促《うなが》す「ムダ取り」活動がある。

なかでも、面白いのは南雲が部下のモチベーションを上げることのできない管理職ほどムダなものはないと考えていることだ。

では、社員のモチベーションを高めるためには何をすればよいのか。「人間の行動は『快』と『不快』で決まる」が持論の南雲は、「快」を与えればモチベーションは上がるという。

「人間は『不快』を取り除いて、『快』を求める。業績を褒《ほ》められる、正しい評価を与えられる、給料が上がるという『快』がなければ一生懸命になれない。モチベーションはいかに上司が部下に快を与えるかで決まる。厳しい時代を乗り切るためには社員1人ひとりがよい仕事をしなければならない。そのためには快を与えることのできる企業風土を創る必要があります」

強い信念、賢明さを持ち合わせたリーダーの育成

成長を遂げる企業のトップに共通するのは、リーダーを育てていることだ。私の言う「No.2」と言い換えることもできる。成長の要因は、才能のある人を多く採用したことではなく、社員の力を伸ばしていることにある。社員がやる気になるように仕向け、成功する手助けをすると同時に、失敗を受け入れている。リーダーを育成するためには、適性を伸ばす環境を用意し、チャンスを与えることが大事だ。

南雲忠信はどうか。

「われわれは、2017年度に売上高1兆円、営業利益1000億円を目標とする経営計画を進めていますが、目標を達成してくれるのは〝人〟です。『この会社が大好きだ、他社と差別化した商品を作り、生き残りたい』と思う人間の集まりになってくれれば、結果はついてくると思います」

南雲は、生き残るための要素を3つ挙げている。第1はイノベーション。それは、革新的なコンセプトの商品を開発するという商品面でのイノベーションと、今までにない技術を開発するという技術面でのイノベーションの2つがあるが、その両方を追求し、他社との差別化を図っていく。第2はコスト。ユーザーの要求は常に、より安くだ。そのためコストをいかに抑え

るかで勝負が決まる。第3は、スピード化。つまり、開発と生産の間をどうコントロールしスピードアップしていくかが鍵となる。南雲が社長就任以来、「よいモノを、安く、タイムリーに、提供することがわれわれの使命だ」と訴え続けているゆえんだ。

問題は、これらの要素を追求する「人」の有無である。とりわけ重要なのは、社員を導く組織の長、つまり、リーダーが育っているかどうかだ。南雲のリーダーシップを育てる方法は、OJT（オン・ザ・ジョブ・トレーニング）を基本としている。リーダーは社員にチャンスを与え、挑戦させなければならない。成果を上げた者には次のチャンスを与え、成果が上がらない者はその原因を突き詰めさせ、再度挑戦させる。大切なのは、部下の失敗を受け入れる懐《ふところ》の深さと、「責任は俺が取るから挑戦しろ」と背中を押してやる度量の広さだ。

南雲は、リーダーに求められる条件を3つ挙げている。1つ目は、組織の目標と課題を明確にし、部下を励まし指導すること。2つ目は、魅力ある人間であること。つまり、安心感のある人。強い信念、毅然とした態度、賢明さを持ち合わせた「強い人」と言い換えることもできる。さらに、「公平さ」、「誠実さ」も必要だ。3つ目は、部下にモチベーションを与えること。部下をその気にさせることができるかどうかは、前項で述べたように人が「快」と感じるか「不快」と感じるかで決まる。快を与えることが必要だ。

優秀なリーダーの育成がいかに大事であるかは、南雲自身が優《すぐ》れた能力のある先輩や上司に育てられてきたと実感しているからだ。特に、南雲が強い影響を受けたのは、設計部時代の先輩で商品企画課長の寺本光武と、新城工場時代の工場長、佐藤善四郎の2人だった。寺本はスポーツ事業など新しい事業も開拓した人で、優れた先見性と洞察力を持ち、率直に物言うリーダーだった。また、佐藤は、工場にトヨタ生産方式を導入した人で、自分の信念を貫くリーダーだった。2人に共通するのは、揺るぎない信念を持っていること、本質論者であること、さらに率直な人柄であったことだ。

「佐藤さんも寺本さんも、意思の強い人で、上司や本社の人たちが何を言ってこようが、自分の信念を貫く人でした。上に対しても『これではダメです』と歯に衣《きぬ》を着せずにものを言う。媚《こ》びることがない。そのため、上司からは煙たがられていましたが、部下からは信頼され、安心感を持たれていました。僕はお2人からリーダーのあるべき姿を学びました」

南雲はこれからも次代を担《にな》うリーダー育てに腐心し続ける。

2

平野伸一《ひらのしんいち》　アサヒビール社長

〝ビール類依存型〟から〝総合酒類型〟に転換

すべてのカテゴリーでNo.1ブランドにすることを確信する

私は、成功する経営者は、好不況にかかわらず、成果の良し悪しにもかかわらず、常に危機感を抱いている、と考えている。その危機感はもちろん、目先の業績の良し悪しというような小さなものではない。根本的な産業構造の大転換に放り込まれ、答えがない中で、次なるビジネススタンダードでは自社の存続が根本から危うくなる可能性を間近に感じての危機感だ。5年後、10年後、自社がマーケットから強制退場させられる事態を回避し、存続するためには何が必要か——見つめるのはただその一点。そんな大きな問題意識を抱きながら、今日という1日のマネジメントに挑《いど》み続けるのが成功する経営者だ。

アサヒビール社長の平野伸一も、そんな経営者の1人だ。

同社は、メガブランド商品「スーパードライ」でビール市場の約5割を制し、市場が縮小する中にもかかわらず、堅調な業績を示している。ちなみに、２０１７年12月期は売上高が対前年同期比０・９％減の９６７２億円、事業利益が同０・１％増の１１９８億円である。

平野はもちろん、現状に甘んじているわけではない。むしろ理念やビジョンの実現に危機感を抱いている。現状の事業モデルでは、アサヒグループの経営理念「お客様の満足を追求し、世界の人々の健康で豊かな社会の実現に貢献する」、ビジョン「食の感動を通じて世界で信頼される企業グループを目指す」を実現することは難しいという危機感だ。

平野伸一

平野は、持続的成長を遂《と》げるためには、事業モデルを〝ビール類依存型〟から〝総合酒類型〟に変えることが不可欠と考える。

ビール類一本足経営だと、稼げる期間が夏場に集中する。1年を通じてコンスタントに稼げるモデルに変えるためには、ビール類以外の、ノンアルコールビール、洋酒、ワイン、焼酎、ＲＴＤ（低アルコール飲料）の各事業を強化する必要がある。

２０１７年、平野が基本方針「№１ブランドの育成と構造改革を通じて国内酒類のリーディングカンパニーを目指す！」を掲《かか》げ、すべてのカテゴリーで№1ブランドの獲得を目指す「№1戦略」を推進する理由である。そのため、平野は社長就任以来、精力的に研究所、工場を回り、自らの思い、考えを発信し続けている。――成長戦略の成果は、イノベーションと聖域なきコストリダクション（コスト構造改革）の推進で決まる。特に、構造改革は、今までのように資材・調達、生産部門だけでなく、研究所、マーケティング部門でも挑戦してもらう。これは、単なるコスト削減ではない。イノベーションと一体となった構造改革だ。つまり、お客様の利便性を高めることや環境負荷低減などと両立した「二兎を追う」構造改革なのである――。

平野は№1戦略に確信を持つ。すでに、ノンアルコールで「アサヒドライゼロ」、輸入ワインで「サンタ・ヘレナ・アルパカ」が№1シェアを獲得するなど、成功体験があるからだ。まさにイノベーションとコストリダクションを同時追求した結果で、挑戦的な技術・研究開発、思い切った投資、常識に囚《とら》われない提案を行うという取り組みが奏功《そうこう》したものだ。

例えば、「サンタ・ヘレナ・アルパカ」は、ベーシックなラベルにこだわる輸入元の会社と交渉し、アルパカのマークを前面に押し出したデザインに変えようと強く訴えたことが大ヒットに繋《つな》がった。

また、№1を目指す缶酎ハイ「アサヒもぎたて」はレモン味、グレープフルーツ味の酎ハイを開発するに当たり、農園で果実をもいで24時間以内に搾《しぼ》った果汁を使うなど、常識に囚われず材料の調達の分野まで変革し、完成させている。

今、平野は社員のモチベーションの向上に腐心《ふしん》する。とりわけ、研究所、マーケティング部門の士気《しき》高揚《こうよう》に心を砕《くだ》く。２０１６年新設の「社長特別表彰」制度はその証左だ。

平野の危機感は続く。

聖域なきコストリダクション（構造改革）を進める

企業改革に成功してきた経営者に共通するのは、「本気」を伝えていることだ。自分の理念や方向性を組織に浸透させるために、自分の言葉で繰り返し語り続けている。社員の反応は、2、3回では「また言っている」、5、6回では「重要らしい」、10回でやっと本気が伝わるといった反応であることを肝《きも》に銘《めい》じている。愚直に自分の理念やビジョンを何度も自分の言葉で伝え続けることが本気を伝える唯一の方法なのである。

本気を伝える第2の条件は、言行を一致させることだ。すなわち、自分の言葉で表現した理念や方向性通りの会社運営を実行することである。言行不一致は社員が「本気」を信じなくなり、経営者と社員の間の信頼関係が破壊されてしまうからだ。

平野伸一による企業改革はどうか。「No.1ブランドの育成と構造改革を通じて国内酒類のリーディングカンパニーへ！」をスローガンにブランドの価値向上とイノベーションによる新価値・新需要の創造に取り組んでいる。

平野が、「酒類の全カテゴリーNo.1構想」という経営方針を示すことの意味は、自らの改革への理念、戦略を社員に向けて自らの言葉でまとめて示すことにあった。事実、その策定は平野が自らの思いを語り、経営企画部がまとめあげる形で行われた。

その構想を実現するために、平野はイノベーションと聖域なきコストリダクション（構造改革）を同時に進めると宣言した。

平野は2016年3月、社長に就任すると、茨城県の研究所を皮切りに全国の工場を回り、自分の理念、ビジョンを語る「伝道」を行っている。現在までに研究所、8つの工場を回り、幹部や社員たちに、繰り返し、自らのビジョンを伝え続ける努力を行っている。

とりわけ注目すべきは、平野が研究開発部門の社員と頻繁に対話を行っていることだ。まさに、この点にこそ、平野改革の特筆すべき点がある。

平野が研究員との対話を重視しているのはなぜか――。

これまで構造改革に真摯《しんし》に取り組んできたのは、調達、生産、物流といった限られた部門であり、研究所やマーケティング部門を含めた全社挙げての動きに至っていなかった。――これでは強い事業が作れない。平野は、聖域なきコストリダクションを訴え、研究開発やマーケティング部門の改革意欲に火をつけ、イノベーションにつなげる技術開発を引き出そうとした。

以前のアサヒビールには売り上げを上げれば、その結果利益はついてくるという考え方が強かった。そこを平野はまず、利益から入ることとした。利益を出すために強い事業を作ろう。強い事業にするためには強い商品を作ろう。そのためには強い技術を作ろうというように逆の発想を植え付けようとしている。

平野の「二兎を追え」論の発想の原点がそこにある。二兎を追うにはイノベーションが不可欠となる。平野が、研究開発、マーケティング部門に「既存商品も含めて商品設計の段階から、すべて見直せ」と訴えるゆえんだ。

平野の「本気」がいかに全社に伝わっているかの証左は、例えば、研究開発とマーケティング部門による「6缶マルチパック」の開発に表れている。資源の軽量化を進める一方、強度は保ち、さらに切り取り線をパックの両側に設け、開封しやすくしている。さらに、ビール入れ段ボールの使用色数の減色の検討を始めている。色数を変えても「見栄えのよさ」を向上させる試みだ。

平野は、士気を高めるため、「社長特別表彰制度」を設けた。昨年5月には「クリアアサヒプライムリッチ」リニューアルに際してマーケティング、酒類開発研究の部署、量販営業の部署を、さらに12月にはビールの製造・開発研究に関する国際会議「ワールド・ブリューイング・コングレス」で研究発表を行った研究所の社員数名を表彰した。

本気を伝える言行一致で社員の改革意欲は高まっている。

社内の反発に耐え、「中国事業」の収益化を実現

私は会社を変えるのはNo.2だと考える。私がいうNo.2とは、役職やポジションの「2番目」ではない。肩書は副社長、専務かもしれないし、中間管理職の中から出てくるかもしれない。No.2はそれぞれのレイヤー（階層）に存在する。No.2は、トップに意見を具申する参謀であり、ビジョンの具現化を補佐する役割を担《にな》う。また、トップと現場を繋《つな》ぎ、社員の自発性を引き出し、モチベーションを高め、自由闊達な企業風土に変えていく世話役でもある。No.2に必要なのは知識やテクニックではない。会社の存在意義とは何か、仕事を通じて社会をどう変えたいのかという明確な「使命感」だ。権威主義・教条主義に囚《とら》われず、何事も客観視できる冷静さと問題意識、会社を変革することへの情熱を持っているか否《いな》かだ。

平野伸一も、No.2シップを発揮し続けてきた。

平野は1979年、早稲田大学教育学部を卒業後、アサヒビールに入社。東京支店家庭用営業担当を振り出しに、人事部課長、経営企画部経営計画課長兼中国室長、執行役員九州統括本部長、常務取締役営業統括本部長など歴任するが、随所でNo.2シップを発揮してきた。

例えば、東京支店営業推進課で百貨店と飲食店チェーンを担当した際には、百貨店のオリジ

ナルギフトを提案し、2年連続で売り上げを大幅に伸ばした。また、マーケティング部のときには、「スーパードライ」の立て看板に、業界の意表を突く黄色と赤のデザインを考案し、飲食店市場の拡大に貢献した。さらに、人材開発室時代には、階層別研修制度を設けたり、自らの頭で考え、行動する人材を育成する研修を始めるなど、人材開発室のモチベーションを高めた。

平野の名前が社内に知れ渡ったのは、1997年から3年間、中国事業を担当したときだった。

当時、アサヒビールは、中国では、杭州ビール、泉州ビール、北京ビール、煙台ビールの4社に出資し、中国のビール事業に参入していた。自社商品の販売拡大とアサヒブランドの定着を目指していたが、中国市場での業界再編と低価格競争の激化により、4社は苦戦を強いられていた。そのため、社内には中国事業撤退という厳しい見方もあった。

そんな中、中国事業成長の実現に腐心する当時社長の瀬戸雄三は、中長期的事業改革方針を立て、経営会議に「中国案件」を諮《はか》っていた。ところが、経営会議では国際部から上程される中国案件は資料の不備もあり、拒否され続けた。ある折、業《ごう》を煮《に》やした瀬戸は、経営企画部経営計画課長の平野に、「案件が承認されるように資料作成を手伝ってくれ」。平野は完璧な資料作りに奔走した。それでも、案件は承認されない。そこで平野は中国室の設置を瀬戸に直訴する。

1997年、中国室長となった平野は、2年間で東京・中国間を50回以上往復し、青島ビールと合弁事業の激烈な交渉を繰り返し、最終合意に漕《こ》ぎ着ける。アサヒは青島ビールと合弁で、深圳青島ビール朝日を設立。出資比率は青島ビール51%、日本側49%、(アサヒ29%、伊藤忠商事10%、住金物産10%)。内訳は青島ビールが95%、スーパードライが5%。

平野は瀬戸の主導する中国事業を支える№2となっていた。それだけに中国事業に反対する役員からの厳しい意見の矢面に立たされた。「君は一体、どこの人間だ。スーパードライの製造比率が少なすぎる」等々。平野は、役員の反発に耐えただけでなく、粘り強く瀬戸の想いを伝え、中国事業成功の確信を語った。「新工場は、青島ブランドを契約数量だけ作れば稼働が安定します。アサヒブランドだけなら稼働率は上がりません。工場はフル稼働すれば必ず利益が出ます」。事実、工場は稼働以降、利益を出し、株主配当し続ける。

その後、煙台ビールでも、深圳青島ビール朝日の成功モデルを導入、収益事業となっている。平野が№2として最初につけた道筋が、中国事業収益化に至っているのだ。まさに、№2が会社を動かす典型例と言える。

経営者との「場」の共有で社員の士気を高める

私は、改革を断行する経営者に必要なことは、その企業の事業についての現場感覚があること、つまり、事業に精通していることだと考える。

現実に、成功する企業の経営者は、例外なく、「現場・現物・現実」の三「現」を体感している。そして、自社が取り組む事業の範囲を、十分理解している事業だけに絞り込む。トップが現場を十分把握していなければ、鋭角的な意思決定ができなくなる。それだけにトップが現場の実体験を体感できていることは、企業経営には極めて重要だ。

平野伸一も同様、現場に頻繁に足を運び、最前線の現場の生情報を肌で感じ取り、意思決定を行うことが不可欠だと考える。

平野は現在、経営方針「酒類の全カテゴリーNo.1構想」を達成するためには、イノベーションと聖域なきコストリダクション（コスト低減化）の一体改革が必要だと繰り返し訴えている。

改革を断行する経営者に必要なことは、事業についての現場感覚があることはもちろん、現場の社員のモチベーションを高めることである。社員1人ひとりがモチベーションを高め、自分の頭で考え、自分の責任で仕事を回し、自発的に課題を発見して解決しようとする企業風土を作ることが急務である。社員のモチベーションが上がらなければ、企業の変革などできない。

では、社員のモチベーションを高める方策は――。解の1つが、トップが自ら研究所、工場、営業支社・支店の各現場を回り、社員との対話を繰り返し、より強固な信頼関係を築き、士気を鼓舞《こぶ》することだ。社長の平野自身が工場や研究所に顔を出し、「こんなことはできないか」「こんなアイデアは生かせないか」とわいわい議論を繰り広げているのは、そのためだ。

平野がその手法に確信を持っているのは、入社４年目にトップが交代して以降、企業風土が大きく変わる過程をつぶさにみてきたからだ。

１９８２年、住友銀行副頭取の村井勉がアサヒの社長に就任すると、シェア10％を切ったどん底時代にもかかわらず、社内はにわかに活気づいた。「会社の命運は現場で決まる」と語っていた村井はまず、工場、支社、支店の現場を精力的に回り、社員との対話から始めた。経営者と社員の間の「顔と顔のコミュニケーション」を繰り返す。経営者との「場」の共有により、社員のモチベーションは高まり、それが挑戦的な商品開発や事業の高効率化に表れた。

平野は村井が社長に就任したとき、「また、外部の社長か」と醒《さ》めた気持ちだった。それまでも外部から２人の社長が来ていたが、いずれも雲の上の存在だった。平野が振り返る。

「村井さんは、工場や得意先はもちろん、私の支店にも来て、意見に耳を傾《かたむ》けてくれました。社長が現場に降りてきて、明るく、元気に声をかけてくれると、社員は燃えます。村井さんはまず社内風土を変えることから改革を始めたのです」

村井は、経営改革を断行、経営理念やＣＩ（コーポレート・アイデンティティー）を導入し、大ヒット商品のコクキレビール「アサヒ生ビール」を発売する。そこからアサヒの復活が始まり、1987年、「スーパードライ」の発売に繋がる。その後、社長は樋口廣太郎、瀬戸雄三と続くが、いずれも村井の現場主義に根差した改革を継承する。つまり、村井はアサヒの一連の改革の基礎を作ったトップ、ということができる。

平野は今、徹底した現場主義を復活させる一方、工場長から事業所の管理職に至るまで全管理職に対し、現場を把握することの大切さを訴えている。

平野が改革に注力するのは、自らの役割を〝駅伝ランナー〟と捉《とら》え、アサヒをよりよい会社へと成長させ、後輩に繋ぐことが使命であると考えるからだ。

ゴーイングコンサーン（企業が事業を継続することを前提とする考え方）で、いかに持続的成長を遂げる会社に変えていくか、平野の手腕《しゅわん》が注目される。

上司の役割は〝部下のお役立ち〟

サラリーマン経営者には、出世していく過程でいくつか共通点がある。①成果を上げること、②周囲に気配りができること、③人の話を聞くこと、④学ぶ心があること、⑤前向きであること――等々。とりわけ、リーダーになる人にとって大事なのは、部下や周囲への気配りと、人の話をよく聞くことだと私は考える。

上司は部下のモチベーションを高めなければならない。そのためには気配りをし、納得してもらう必要がある。また、人の話をよく聞くと、緊密なコミュニケーションができることはもちろん、新しい情報や考え方を知ることができる。つまり、相手の持つ情報、アイデアと、自分が知る情報、自分が持つアイデアを合わせることで化学反応が起こり、知識の創造ができるということだ。知識の創造は、人と人がコミュニケーションを行ってこそ初めて実現する。

平野伸一は1979年入社。東京支店の営業から始まり、マーケティング部、人材開発室課長、経営企画部計画課長、東京支社業務部長など様々な部署を経験してきた。歴代社長と同様、いわゆる会社の主流を歩んできたエリート社員でも、華々しい業績を残してきたスター社員でもなく、地道に仕事をこなす社員だった。

そんな平野がトップにまで上り詰めることができたのは、なぜか。それは、若い頃から周囲に気配りをし、人の話をよく聞き、学び、情熱をもって仕事に取り組んできたからだ。そして、どんな部署でも自分の役割を認識し、常にチームプレーに徹し、チームが一枚岩になって目標へ突き進むことを心掛けてきた。

具体例を挙げる——。まず周囲への気配り。東京支店の新人時代、酒販店の冠婚葬祭、特に通夜や告別式には、当時アサヒを扱っていない酒販店でも必ず参列した。その真摯で、分《わ》け隔《へだ》てない姿勢は酒販組合幹部の心を摑《つか》み、同社商品の扱いのない酒販店にも拡販を進めるよう口添えしてくれた。気配りはビジネスに反映され、扱い店は広がり、在任5年間販売を拡大し続けた。

また、平野は先輩や上司に学ぼうという姿勢を貫いた。例えば、マーケティング部で自動販売機の調達を担当していたときは、課長に「メーカーの接待を受けてはならない。逆に、直営ビアホールで接待しなさい」と教わり、実行した。課長は素材メーカーの出身で、見積書には接待費が含まれていることを知っていたのだ。業界では自販機の価格競争が激化していた折だけに、学習効果は大きかった。

さらに、平野は各部署で対話による知識の創造を行った。

ある折、マーケティング部の会議で新商品「FX」(後のスーパードライ)の販売を担当していた菊池史朗(元アサヒ飲料社長)と、新商品見本の酒販店への配布方法について話し合った。「平野は新商品のサンプルを酒屋へ持っていくとき、どうしていた」「ライトバンで配りました」と平野。「1日では回り切れないだろう」「100軒以上あるからどうしても残ります」などと、問題点を詰めていくうちに菊池は、宅配便で配送することを思いつく。首都圏・関東信越の全酒販店に宅配便で配送するというアイデアは画期的だった。後にスーパードライの驚異的な立ち上げに貢献することになる。

平野が、上司の大きな役割は〝部下のお役立ち〟だと認識するのは、九州地区本部副本部長のときだ。着任後、量販チェーン店の社長のアポを取るよう部下に指示した。事前に資料を頭に入れ、取引先の経営課題を引き出す話をするよう心掛けた。すると、取引先は親身になって課題解決に取り組んでくれようとする平野に、また会いたいと言ってきた。信頼関係ができ、商売は広がった。部下の喜ぶ姿を見て、部下のお役立ちになったことを実感した。

平野は、部下が報告に来たときには、たとえその情報がすでに承知しているものであったとしても、「なるほど。ありがとう」と言う。せっかく上司に伝えようと思った部下の意欲を阻害しないためだ。まさに〝気配りリーダー〟の典型といえる。

3 松井道夫《まついみちお》 松井証券社長

「お客を勧誘しない」改革が大反響

300兆円のネット証券市場を創出

私は、経営者や実業家の価値は、「いかに社会に新しい価値を創造するかで決まる」と考えている。儲かる仕組みを創り出し、それで会社に利益をもたらす経営者は優秀かもしれないが、それだけでは「普通の経営者」の域《いき》を出まい。利益を出すだけ、マネジメントが上手なだけの経営者なら世間にごまんといる。重要なのは、社会構造を変えるだけのダイナミックな事業家なのかどうかということだ。

その点、松井証券社長の松井道夫は、伝統的な証券会社を日本初のインターネット取引専業の証券会社に転換、対面営業を否定したネット証券という新たな業態で、かつてない安い手数料で株式売買サービスを提供して個人投資家の取引を増大させた。現在の300兆円のネット証券市場（2015年度）は、松井が先駆けとなって環境づくりをし、創出したものと言っても過言ではない。

そもそも松井が松井証券を継ぐべく入社したのは、オーナーの娘と結婚した翌年の1987年だ。バブルの真っただ中で、各証券会社は過去最高の利益を享受していた。

松井は、11年間勤めた日本郵船時代の最後の3年間、海運業界は自由化の波にもまれ、ライバル企業が倒産し、社員が解雇されるのを見てきた。大蔵省（現財務省）の下、大手4社体制ができあがり、松井証券のような中小は大蔵省と大手が決めたことに右へ倣《なら》えするだけであり、自由競争にさらされたら一溜《ひとたま》りもないと考えていた。

案の定、1989年12月を境に株式市場は大暴落。松井は、バブルの崩壊による収入の激減で、頭が真っ白になった。しかし、「大好きな日本郵船を辞めて来たのに、このままで終われるか」と執念を燃やす。

ここで特筆すべきは、松井が証券業界の根本を否定する大胆な改革に打って出たことだ。毎週、営業会議を開き、徹底して議論を詰めるなどして社員の意識を改革し、同時に年功序列の賃金制度にもメスを入れた。そして、「お客を勧誘しない」という業界初の革新的な方針を表明し、改革を断行する。

まず、1991年から新聞広告で顧客を集め、電話で売買注文を受け付ける「通信取引」を開始した。当初は、まったく反応がなかったが、イメージ広告から意見広告に切り替え、「発行済み割引金融債を個人向けに発売」という広告を打った途端、大きな反響を呼んだ。以降、通信取引は金融債以外にも大きく広がり、証券不況にもかかわらず、顧客数は5000から2万に急増した。電話で注文を受け付けている女性社員たちは、外回りの営業マンの4〜5倍を稼いだ。

松井は改めて、「これからは、ドブ板営業は一切やらない」と宣言し、実行する。

生き残りにかける松井は、業界の慣習に従わなかっただけでなく、業界自体を敵に回すことも厭《いと》わなかった。

松井道夫

1995年、社長就任した松井は翌年、日本で初めて「株式保護預かり手数料」の無料化を実施、さらに、1997年2月には「店頭株式委託手数料の半額化」という挙に出た。その際、松井は将来、上場銘柄についても手数料の値下げを匂《にお》わす発言を繰り返したため業界の長老たち数人が乗り込んでクレームをつけるなど、業界から大反発を食らう。しかし、松井は、競争を仕掛け続けた。

1998年、独自システムを開発、電話での通信取引から本格的なインターネット取引に移行する。日本初のネット取引となる。

1999年、手数料の自由化が実施されると直ちに、手数料の水準を3分の1に引き下げ、手数料競争のきっかけを作る。これを皮切りに、1日3000円の手数料で何回でも取引ができる「ボックスレート」、従来6ヶ月だった信用取引の決済期限をなくした「無期限信用取引」の開始……など、業界初のサービスを次々と展開した。

松井が創出したネット証券市場は、加速度的に拡大する。

証券会社の屋台骨「営業セールス」の廃止

幸せな成功者に共通するのは、あきらめない人、挫《くじ》けない人であることだ。立ちふさがる障害が何であろうと、成功するまであきらめない。挫けないで、やり続けることができるかどうか。これが成功と失敗の分かれ目となる。成功者の多くは、忍耐の美徳ほど素晴らしいものはないことを体感している。

松井道夫も、挫けない人である。どんな批判や咎《とが》めも逃げずに正面から堂々と受け止めてきた。そして、自分の信じる道を歩み続けてきた。

松井が自社の生き残りに執念を見せてきたエピソードは枚挙《まいきょ》に暇《いとま》がない。

営業セールスの廃止、支店閉鎖、コールセンターによる通信取引開始、日本初のインターネット株取引開始……いずれのときも社内の強い反発を受け、多くの社員が去っていった。また、株式保護預かり手数料の無料化、店頭株式委託手数料の半額化、手数料自由化に伴う1日の定額制手数料体系「ボックスレート」導入などの折には、証券業界から強い非難を浴びた。その都度、松井は心が折れ、落ち込んだが、やがて立ち直り、社内には進むべき道を示し、業界に対しては反旗《はんき》を翻《ひるがえ》すような強い気持ちで、慣習を破り、新たな競争に挑《いど》んだ。まさに〝七転八倒〟だ。

松井経営の原点は、証券会社の屋台骨である「営業セールス」の廃止であった。

当時、営業は大半が歩合外務員だった。彼らは客からいかに手数料を取るかしか考えていない。会社への帰属意識も薄く、売り方もバラバラ。証券取引が自由化されたら、今のビジネスは成り立たないと確信していた。

当時、社員の多くは、ある年齢になると歩合外務員になっていた。営業収入の70%は外務員に依存し、社員は彼らの単なる支援部隊に成り下がっていた。そこで松井はまず、社員から歩合外務員への転身を認めないと宣言する。当然、激しい抵抗を受けた。

対面営業からコールセンターの通信取引に徐々に切り替え、軌道に乗ると、松井は、「これからは対面営業を一切やらない」と社内に通達する。すると、営業部長が「納得できない。オレたちは努力して株や投信を売っている。電話の前で、お客さんを待っているようなオペレーターと一緒にされちゃ、たまったもんじゃない」。それに対して、松井は成績表を突き付けて、「あなた方は営業、営業と言うが、電話で注文を受け付けている女子社員たちは、あなたたちの5倍は稼いでいる」

1週間後、営業部長が退社、その後、数年間で120人いた社員のうち、3分の2が辞めていった。

特筆すべきは、松井は業界の慣習を打ち破ったことだ。1996年、日本で初めて「株式保護預かり手数料」の無料化、さらに1997年には、「店頭株式委託手数料の半額化」を実施した。これらは業界のタブーに挑戦するものだった。そのため、業界の長老数人が乗り込んで来て、松井をたしなめた。「あなたは、この業界の慣習がわかっていない。秩序を乱さないでもらいたい」「競争するなということですか」「いや、あくまで秩序の中の競争だ」とある長老は詭弁《きべん》を弄《ろう》した。

それでも松井は、インターネットを駆使して既存の秩序をどんどん変えていった。

松井が挫けないのは、「商売イコール実業」という「商売の美学」を持っているからだ。松井のいう実業とは、お客が認めているコストで成り立っている事業だ。逆に客が認めていないコストで商売している事業は虚業。実業か虚業かは、競争の中でお客がふるいにかける。その点、対面営業は虚業だと、松井は考えた。この投資信託がいいとか、この株が上がると売り込んでも、当たったためしがない。「そんなアドバイスをなんで高いコストをかけてやっているのか」

松井が対面営業からインターネット取引へとシフトしていったのは、そんな商売の美学からでもあった。

日本郵船時代に培った胆力を発揮

優秀な業績を上げている経営者に共通するのは、自社を客観的に眺《なが》め、改革しなければならない不合理な点をよく見出せていることだ。

会社の主流を歩み、順調に出世してきた人より、周辺部門や子会社、海外で苦労した傍流《ぼうりゅう》出身の人物のほうが、改革を成功させている場合が多い。

その点、松井道夫は、傍流も傍流、証券会社とは縁もゆかりもない海運会社からの転身組だ。それだけに、証券業界の実態を冷静に認識し、不合理な点を見つけることができた。しかも、既存の事業に対してしがらみがないため、思い切った決断ができた。

対面営業を否定した営業セールスの廃止、業界慣習を否定した株式保護預かり手数料の無料化、店頭株式委託手数料の半額化、日本初のインターネット株取引開始……等々がその証左だ。

決断を下すには、覚悟と胆力《たんりょく》を要する。ビジョンや目標は、誰でも描ける。しかし、それを実現すべく実行となると、相当な覚悟と胆力が要《い》る。松井の胆力はにわかにつけられたものではない。日本郵船時代を経て培《つちか》われてきたものである。

松井は1976年、一橋大学経済学部を卒業後、日本郵船に入社、そこで11年間過ごす。最初に相場の恐ろしさを経験したのは、入社2年半後、本社油槽船部時代にVLCC(20万トンタンカー)を石油会社へ売る仕事に携《たずさ》わったときのことだ。タンカー市況はブローカーが電話で相場を張っていた。基準はワールドスケール(WS)と呼ばれる1トン当たりの運賃基準指数。20万トンのタンカーならばWS1ポイントごとに2000万円が動くといわれていた。1979年春のある夜、松井は上司とタンカー市況を睨《にら》んでいた。午後11時、WS29がついた。1時間後35に上がり、午前1時には39に上がった。松井はそろそろ潮時《しおどき》かなと思い、上司に進言した。「このあたりで決めましょう。昨日と比較したら15ポイント、1隻で3億円の運賃増です」。「よし、決めた」

松井はブローカーと一緒に外へ出て祝杯を挙げた。ところが、深夜3時頃、会社へ戻ると、三光汽船が43で決め、明け方になると、ジャパンラインが45で決めたという。がっくりと肩を落とした松井に、部長と課長は「ようやった」。ところが、副社長が「なんでこんなの決めたんだ。担当は誰だ」と課長を叱責した。その話を聞いた松井は「相場の世界は誰にもわからない。それを結果だけ見て、担当者がどうのこうのと言われる筋合いはない。僕、辞めます」。松井は辞表を出した。しかし、課長はその場で破り捨てた。

1981年、松井は定期船部へ異動。1984年、米国のレーガン政権が規制緩和を進めると、政府公認のカルテル「海運同盟」は翌日崩壊。たちまち自由化の波が世界中に押し寄せ、苛烈《かれつ》な競争が始まった。海運会社はいずれも大赤字に陥《おちい》り、中核6社の中で生き残ったのは3社しかなかった。松井は言う。

「北米から東京湾までの20フィートコンテナの運賃が4000ドルから250ドルにまで下がった。固定化していた運賃相場が毎日変わるようになり、利益は減る一方でした」

転機は、松井証券のオーナーの一人娘と結婚した1986年に訪れる。定期船部豪州課の課長代理のときだ。当時、松井は海外勤務を熱望しており、会社を辞めることなど思いも寄らなかった。しかし、「松井証券も、やがて人手に渡ってしまうのね」という妻の言葉に胸を打たれ、これも運命だと割り切り、「私に継がせてください」と義父に申し入れた。

松井は入社後すぐに、証券会社の経営や営業のやり方を疑問視し始めた。大蔵省の護送船団方式の行政。証券業界は、出店計画から利益処分に至るまで、大蔵省の指導なしでは判断できない体質が染みついている。そんな競争のない歪《いびつ》な経営はいつか必ず破綻すると思った。

松井は、証券業界もやがて自由化されると予想した。その日に備え、松井証券を変えなければならないと決意する。そして、一気に社内改革に動くのである。

松井流価値基準「実業は美しい」と確信する

ワンマン経営とは、トップが誰にも相談せずに唯我独尊《ゆいがどくそん》で次々と決断し、実行する経営である。これは、自らリスクを負って行わなければならない孤独な作業だ。その意味においてワンマン経営こそが経営者としてあるべき姿の大前提なのである。

松井道夫もワンマン経営者である。オーナー社長ならではの、継続させなければならないという「使命感」と、いつ倒産するかもしれないという「危機感」を抱く。それが証券業界で初めて対面販売を廃止、さらにインターネット取引を開始するなど改革を成し遂《と》げるエネルギーの源泉となっている。

成果は、全従業員121人、営業収益（売上高に相当）322億円、営業利益185億円、営業利益率57％（いずれも2018年3月期決算）という数字に表れている。いかに効率的な事業オペレーションで低コスト経営を実現しているかがうかがえる。

では、松井の使命感と危機感の源は何か。1つはオーナーの娘婿としての意地である。

「今まで、会社を放り投げて、勝手にやるか、と思ったときが何度もありました。踏み止まったのは、僕が義父に言った『会社を継がせてください』という言葉に責任を持たねばならないと思ったからです」

もう1つは、松井流の価値基準である。例えば、松井は事業の価値基準を「美しいか、美しくないか」に置く。前項で触れたように、「実業は美しい」と確信する。では実業とは何か。世間では、「世のため、人のためになる」のが実業であるとされているが、何が人のためになるかは個々人の価値観次第だ。では、実業と虚業の明確な線引きは何か。松井はコストだという。実業とはお客が認めているコストで成り立っている商売と定義する。つまり、実業かどうかはお客がふるいにかけるということだ。

松井は、日本郵船時代、苛烈な自由競争の洗礼を受けた。客にとってはコンテナ船やコンテナがピカピカである必要はない。沈没しなければよい。日本人船員の高い給料も価格に反映される。当然、お客は割高な日本の海運会社から低運賃の新興国に乗り換える。松井が言う。

「ピカピカのコンテナや日本人船員は、松井証券にとって外交セールスに当たる。当たったためしがない外交セールスのアドバイスに何でコストをかけてやっているのと、自由競争になったら必ずお客様に否定される。なら、いっそのこと全部捨てちゃおうと考えたわけです」

そうして、松井は、日本で初めて対面営業しない証券会社に生まれ変わらせた。

松井の執念はどこからくるのか。話は高校時代に遡《さかのぼ》る。松井は、小中学校時代は内気な性格で、目立たない少年だった。が、好きな絵を描くことには夢中になった。最初に感銘を受けた絵は、銭湯の壁一面に描いてある富士山だった。それが気に入り、両親にせがんで毎日連れていってもらった。中学になると油絵を描き、ピエール・ボナールの色彩の奔放さや自由さに憧れ、ああいう絵を描いてみたいと思った。ところが、高校の美術教師から、「お前には絵の才能がない。東京芸大を出た俺の経験からしてお前は120％、絵で飯は食っていけない」。そのアドバイスを聞いて、絵描きの道をあっさりとあきらめてしまった。

「あれだけ絵描きに憧《あこが》れていたのに、なんであっさりあきらめてしまったのか。あのときは『真面目さ』がなかったと思う。彼の説得に納得し、いとも簡単にあきらめちゃったことがトラウマになっている」

松井が変貌したのは、日本郵船に入社してからだ。「同期はみんな、優秀な奴ばかり。その中で僕は劣等生。でも、やるしかないと開き直ったんです」。最初に配属された神戸支店時代には、経済や英語の勉強に本格的に取り組み、週末は京都大学へ行って、講義に潜《もぐ》り込んだりもした。その後も、何事もあきらめずに追求し続けた。

日本郵船を退職し、松井証券に入社した頃には、信念を貫く強い人間になっていた。

「時代」を考え抜く論理的経営

経営は、「現実であり、論理ではない」といわれるが、成長を遂げている企業の経営者は、実に論理的だ。自分の行った判断や意思決定について論理的に説明することができる。なぜ、そうするかについて徹底的に詰めて考え、たとえ失敗した意思決定についても、きちんと説明ができる。

松井道夫もまた、業界の常識、慣例、大手企業の成功の形を無批判に受け入れることなく、自分で考えて考えて、考え抜いて独自のビジネスモデルを構築してきた。対面販売を否定し、外交セールスを廃止したビジネスモデルだ。

松井が考え抜くうえで最も大事にするのは、「今はこういう時代だ」という時代観だ。自分の頭で構築した時代観に基づいて、どうすれば顧客中心主義の商売ができるかを考え続ける。

対面営業の廃止も、自らの時代観に合わせて作り上げたモデルだ。松井には、当時から「デフレ時代」という時代観があり、デフレ時代に合ったビジネスモデルとは何かという問題意識があった。デフレ下で〝営業〟というコストは、本当に必要なのか、お客が求めているのかと問い続けた。その結果――。高度成長のときとは違う。日本人は物理的な〝物〟ではなく、もっと精神的なものを求めている。それはお客固有のものであり、押し付けてはならないと考えた。

ビジネスも、供給者中心の「天動説」から消費者中心の「地動説」へのコペルニクス的転回が必要だ。「顧客第一主義」ではなく、「顧客中心主義」でなければならない――。考えてたどり着いた答えだった。

考え抜く経営は、その後も、取引ごとの手数料を否定した1日の定額制手数料体系「ボックスレート」導入、個人のFX取引の普及を予測したオンライン証券初のネットFX開始、即時決済信用取引開始……という形で具現化する。

最近では、2016年11月に始めたロボアドバイザー機能を駆使した「投信工房」がある。ロボアド機能を使って、投資家の運用方針・リスク許容度を診断し、適切なモデルポートフォリオを提示し、その提案に従うかどうかは投資家の判断に任せる。サービスは無料とする。大手証券会社が展開する「ラップ口座」に対抗するビジネスだ。

特徴は、徹底的にコストにこだわっていることだ。かつて松井は、株式委託手数料の自由化に際して、委託手数料の徴収根拠となる3要素のうち、「コンサルティング」を外して、「売買執行」「情報提供」のみを、インターネットを通じて安く提供することにした。この〝中抜き〟のモデルを投信ビジネスでも適用しようとしている。

松井は今後、どういうビジネスを考えているか――。インフレ時代に合ったビジネスモデルだ。日本ではデフレ時代が続いているが、いつかインフレ時代に切り替わる。そうなると、デフレ時代のビジネスモデルは潰《つぶ》れる。今のうちに、時代に合ったモデル構築の準備を行う。

インフレ時代のモデルとは――。例えば、販売価格。デフレ下では絶対値でよかったが、インフレ下では「率」にする。業態も、取次業からプラットフォームを目指す……等々。

面白いのは、松井は「兆」の商売を考えていることだ。それも1兆、2兆ではなく、100兆、1000兆という規模。金融界では手数料率などに「ベーシス」（1ベーシス＝0・01%）、つまり、万分の1単位がよく用いられる。

「ベーシスに掛け合わせる額としては、何十兆、何百兆にならないと、商売としては面白くない。そういう市場を創りたい。みんな、〝たわ言〟と思っているが、ネット証券を始めるときも、株式委託売買金額は1500億円から、10倍になるかもしれないというと、社内外から『何をたわ言を』と言われた。でも、始めて数年で売買金額は『たわ言』の30倍の35兆円になった。たわ言から、すべてが始まるのです」

4 二《に》橋《はし》千《ち》裕《ひろ》　東急百貨店会長

伊勢丹から単独赴任　カオスの街で最先端の店づくり

〝伊勢丹の二橋〟から〝東急の二橋〟へ

私は、会社を変える主役はNo.2だと考える。私がいうNo.2とは、役職やポジションの「2番目」ではない。No.2は、トップに意見を具申する参謀であり、ビジョンの具現化を補佐する役割を担《にな》う。また、トップと現場の間を繋《つな》ぎ、社員の自発性を引き出し、モチベーションを高め、自由闊達な企業風土に変えていく世話役でもある。一方、社長の仕事は、No.2に自らの夢やビジョンを語り、それへ向けて会社全体が動くように仕向けること。あとは、No.2がその舞台作りを行い、社長の意図を社員の心に響くように伝える。

社長の意思を社員に転換させるNo.2の不在が生んだ悲劇は数多い。

その点、2018年2月、東急百貨店の社長から会長に就任した二橋千裕は、No.2づくりに熱心に取り組んでいる。

二橋は、2010年1月、伊勢丹の代表取締役専務執行役員を経て同社の社長に就任した。以来、東京・渋谷に商業施設「ヒカリエ」の「シンクス」、東横店1、2階に自主売り場「SHIBUYAスクランブル」、銀座にセレクトストア「ヒンカ リンカ」を開業、着実に業績を向上させている。

そんな二橋流経営とは——。

そもそも二橋が同社の社長になったのは、2009年12月暮れ、病床の武藤信一（当時三越伊勢丹ホールディングス会長兼CEO）から「東急百貨店の社長をやってみないか」と推《お》されたからだ。二橋が即諾《そくだく》すると武藤は「では、一緒に連れていく人をすぐに選びなさい」とアドバイスした。しかし、二橋は、「1人で行かせてほしい。代表取締役で社長をやらせてもらえるなら企業風土を再生することが重要。人を連れて行くと、自分の周りに壁ができ、裸の王様になってしまう」と言った。

翌年1月、単身で赴任した二橋は、東急百貨店の社員の中に溶け込むために、社員との対話の機会を

二橋千裕

多く設けることに腐心《ふしん》した。渋谷の店舗はもちろんのこと、吉祥寺店、札幌店など全店舗を回り、従業員への挨拶や朝礼で話をする。また、毎週、幹部たちとの朝会、営業担当者たちとのランチミーティング、さらに年2回の「社長賞」授賞式の際の従業員との対話会などを実施した。

二橋が繰り返し訴えたのは、「すべてはお客様のため、部下のため」という独自の理念。従業員が高いモチベーションを持ち、お客様の満足を実現することで売り上げ・利益が生まれ、それが株主や社会に還元され、従業員の待遇に反映される。この好循環の大切さを従業員に説《と》いていった。

社員との一体化に心を砕《くだ》いた結果、社員の評価は〝伊勢丹の二橋〟から〝東急の二橋〟へと変わり、二橋も各部署で№2となりうる逸材を発掘するようになった。

最初の№2は、経営理念づくりと、ヒカリエの「シンクス」の店づくりの過程で生まれた。

ある折、ある役員が二橋に諫言《かんげん》した。「社員はみんな、二橋さんの発想に乗っていきたいと思っています。が、反面、変化に不安を覚えています」。すでに参謀役を果たしていた役員の指摘で、二橋は無意識のうちに伊勢丹流を押し付けていたことに気がついた。そこで、本社・各店舗の管理職20人を集め、誰でも自由に参加できる「企業理念を作る会」を設けた。自発的に手を挙げて参加した人は、実質的に№2の役割を担《にな》っていった。

また、渋谷ヒカリエの「シンクス」のすべてを「雑貨」と捉《とら》えるコンセプトを実現したのは、社員たちだった。フード、ビューティ、ファッションのすべてを雑貨として捉え、顧客が自分で組み合わせすることができるようにした。こうした新業態の店づくりの実現に心血《しんけつ》を注《そそ》いだのは、他ならぬNo.2たちだった。

その後も、二橋は企業の成長のために、人作り、制度作り、組織作りを行うが、いずれも二橋が育てたNo.2が主役となって実施した改革だった。

カオスの街を歩き、新しい百貨店をつくる

私は、成功する企業の経営者は、例外なく「現場・現物・現実」の三「現」を体感していると考えている。逆に、業績の悪い企業の中には、経営者に事業についての知見が薄く、担当者任せで、判断を回避したり、決断が必要なときに先送りしたり部下への合議に逃げたりしがちな人が多い。

改革を断行する経営者に必要なことは、その企業の事業についての現場感覚があること、つまり、事業に精通していることだ。トップが現場を体感できていることは、企業経営には極めて重要である。

二橋千裕が現場に頻繁に足を運び、最前線の現場の生情報を肌で感じ取ろうとするのは、現

場を知らなければ鋭角的な意思決定ができないと考えるからだ。

二橋は東急百貨店のことを何も知らない人間であることを自覚しているだけに、三「現」には強いこだわりがある。二橋が東急の「人」を知り、「文化」や「事業」を理解することを自らの最大の課題としてきたのはそのためだ。

現場とは商売の生の情報である。だから、一次情報が大切。経営者自ら現場に出かけて情報ソースを直《じか》に現場に持つことが大事なのである。

二橋がいかに現場の生の情報を重視しているかは、2012年4月にオープンした渋谷の商業施設ヒカリエ「シンクス」のコンセプトに表れている。社長就任した当時、旧来型の百貨店を作る計画が進行していた。しかし、二橋は計画の見直しの必要性を訴えた。理由は、①旧来型の百貨店では新しい挑戦ができない、②顧客が誰かということが全社に共有できていない、③オペレーションに新しさがない——という3つがあった。

見直しが決まると、二橋は渋谷の地域性・顧客嗜《し》好《こう》・商圏特徴に合致した独自の店づくりに取り組んだ。まず、渋谷と周囲の街をじっくり歩いた。高級住宅地があり、その反対にはセンター街、美術館、ライブハウス、コンテンツ産業……。「渋谷はカオス（混沌）」と捉えた。また、アンケートを実施すると、東急百貨店の顧客は30代の働く女性が少ないことがわかった。

そこで、店のコンセプトは、「デパートメント・ストア」ではなく、〝モノ・コト・キモチ〟

を融合させた「スパークメント・ストア」に、またMDコンセプトに「雑貨」という視点を取り入れた。先述した通り、フード、ビューティ、ファッションのすべてを雑貨と捉え、それを顧客が自分で組み合わせすることができるようにした。さらに、売り場の運営方式も、自主運営、業務委託、賃貸などをミックスすることにした。その結果、開業以来、増益を更新し続けている。

二橋が環境変化を認識する感性の鋭《するど》さを持ち、変化への対応力に優《すぐ》れているのは、2016年3月開業の銀座・東急プラザ「ヒンカ リンカ」にも表れている。コンセプトは、「品格を持って凛《りん》として生きる大人の女性」を応援するというもの。売り場は、年齢、アイテム別ではなく、ワンフロアの中に、食料品、洋服、バッグ、雑貨などが混在している。業績は好調に推移している。

二橋の現場重視策は、店舗イベントや商品政策などにも表れている。例えば、2015年2月、東急百貨店本店は東急文化村と連携し、3月公演の「シンデレラ」に主演するKバレエカンパニーのダンサー2人が1階のメイン通路でダンスを披露するというイベントを実施。また、東横のれん街では、「福砂屋・とらや」「ヨックモック・銀座ウエスト・鎌倉豊島屋」などメーカー同士のコラボを実現しているが、いずれも現場の提案によるもの。

二橋は、経営者の最大の使命は社員のモチベーションを高めることだと認識する。「社長賞」を設け、毎年2回、成果を上げた部門を表彰しているゆえんだ。賞をもらうことによって、社員は目に見える形で努力したんだと実感できる、と二橋は言う。

現場主義とは、社員にその成果を実感させて、社員の情熱を喚起することでもある。

1万円のカシミヤのセーターを4万枚発注、完売

成功者に共通するのは、あきらめない人、挫《くじ》けない人だ。成功するにはまず、「自分は必ず成功するんだ」という成功への揺るがぬ確信を持たねばならない。挑戦を続ける際、挫折や失敗はつきもの。しかし、あきらめないことが大事。立ちふさがる障害が何であろうと成功するまであきらめない。挫けないで、やり続けることができるかどうか。これが成功と失敗の分かれ目となる。

二橋千裕も同様、若い頃からどんな難題を与えられても、挫けずに挑戦し続けてきた。社長就任以来、繰り返し訴える「新しいことに挑戦せよ」は自分の過去の経験から来た信念である。

原体験は伊勢丹に入社し、婦人服飾課に配属されたばかりの1976年春、ある先輩に要求された難題に挑《いど》んだことにある。

ある折、二橋は、先輩に「お前の売り場はどこだ」と聞かれ、「婦人セーター売り場です」と答えたところ、「そうか、だったら明日、俺のために1枚セーターを編んでこい」と言われ

た。編み方を知らないし、毛糸も持っていないと答えると、先輩は、「それでは半年後に持ってこい」と容赦なく言った。理不尽なことを言う人だと思ったが、負けず嫌いの二橋は要求を受け、翌日から毎日、仕事が終わると明け方までセーターを編んだ。結局、3ヶ月で編み上げ、先輩に渡した。

この経験がのちに婦人服バイヤーとしての成功に繋がる。二橋は31歳のとき、カシミヤのセーターを作るために1人でモンゴルに出かけ、4万枚発注し、大ヒットさせるのだ。二橋が振り返る。

「セーターにはいろいろな技法が用いられていることや、1枚のセーターが出来上がるまでの時間などを知ることができ、非常に勉強になりました。今思えば、先輩の要求は、実際に編んで、誰よりもよく知る『商売人』になれ、ということだったと思います」

もう1つは、伊勢丹MD統括部長の武藤信一（元三越伊勢丹ホールディングス会長）から与えられた課題への挑戦である。

二橋は、婦人服販売担当課長のとき、武藤のカバン持ちとして、高級ブランドとの契約交渉に同行した。難題を与えられたのは最初の欧州出張の折。パリ到着の翌朝、二橋が訪問日程を説明すると、武藤は「そうじゃない」。シャネル、クリスチャン・ディオール、ルイ・ヴィトン、エルメスなど交渉相手に対する個別作戦を考えろ。課題克服、目的達成をするためのシナリオを描けと指示された。

二橋は、思いも寄らない課題を与えられ、心が挫けそうになったが、翌日から2週間、不眠不休で課題の整理と交渉の進行プランを作成し、その都度、武藤に報告した。睡眠時間は毎日1〜2時間と地獄のような日々が続いた。帰国後、限界を感じた二橋は、「担当を外してください」と直訴した。武藤は一蹴《いっしゅう》し、一言「慣れろ」。二橋はめげずに挑戦し続けることにした。やがて出張先では緻密《ちみつ》な個別作戦計画を立てることができ、契約交渉を成功に導くことに貢献するのである。

二橋は、若者に挑戦することの大切さを伝える。そのたとえ話に、「猿シャワー」がある。4匹の猿と1本のバナナの木がある。1匹の猿が木に登ってバナナを取ろうとすると、熱湯のシャワーが降りかかってくる。猿はやけどをするから登るのを止める。でも、また別の猿が取りに行こうとする。またシャワーが降り注ぐ。これが繰り返されると、4匹の猿はバナナを取りに行こうとしなくなる。では、4匹のうち、2匹を入れ替えるとどうなるか。新しい2匹が取りに行こうとすると古い2匹が止める。次に、その古い2匹の猿を外へ出し、また違う新しい猿を2匹入れたらどうなるか。4匹ともバナナを取りに行くことをしなくなった。「最初の4匹は挑戦したところ、シャワーの熱湯を浴び、バナナを取ることを止めた。しかし、最後の4匹は因習に囚《とら》われ、バナナを取りに行っていない。このようなことがないか」

こう二橋は問いかけ続ける。

グループとのコラボで新しい業態、事業を追求

企業を成長させている経営者の中には、傍流《ぼうりゅう》体験を有する経営者が多い。海外や子会社、周辺の部署で苦労した人、あるいは転職した人……。これらの人は既存の事業に対し、しがらみがないため、思い切った決断ができるという面がある。また外から客観的に会社を眺《なが》めているため、会社の事実を冷静に認識し、改革しなければならない不合理な点をよく見出せる。主流を歩み、順調に出世してきた人よりは、改革を成功させているケースが多い。

その点、二橋千裕は、伊勢丹から来た正真正銘《しょうしんしょうめい》の〝傍流体験組〟である。

雑貨をコンセプトにした渋谷ヒカリエ内の「シンクス」、「女性の気持ちを表現する」をコンセプトにした銀座東急プラザ内の「ヒンカ　リンカ」、東横店「東急フードショー」の郊外店展開、風土改革……。傍流体験が生きていたからこそ実現した実績だ。

早稲田大学商学部卒業後、入社した伊勢丹では、売上比率31～34%を占める主流の婦人部門を歩んできた。1994年、婦人服商品担当課長になってからは、婦人商品計画部長、執行役員MD統括部長、常務執行役員営業本部MD統括部長、取締役専務執行役員営業本部長、代表取締役専務執行役員営業本部長と、出世の階段を上り詰めた。

「ファッションの伊勢丹」を築き上げ、発展の礎《いしずえ》を築いた小柴和正、武藤信一の歴代社長に信頼され、欧米高級ブランドの取り込みをはじめ、高島屋新宿進出による「新宿戦争」に備えた婦人服フロアの1層拡大、婦人服の自主開発などを主導、社長を支える№2として活躍した。

二橋は、武藤からは経営者としてのあるべき姿を、また小柴からは人のモチベーションを上げることの大切さを学んだ。

その原体験は、セーターのバイヤーとして自分の判断で有力企業A社との取引を停止した折にある。ある日、二橋のところへ、当時常務MD統括部長の小柴がやって来て、「取引をやめた理由は何か」と言った。二橋が理由を3つ挙げると、小柴は頷《うなず》き、「君の言うことは正しい」。そして、「今後、何かやりたいことがあるのなら、私の部屋に来なさい」。雲の上の人からそう言われ、二橋のモチベーションは高まった。1週間後、今度は百周年記念商品としてモンゴルで1万円のカシミヤセーターを作るという挑戦的な企画を提案。小柴は快諾した。二橋の士気が上がったのはいうまでもない。

このように二橋のチャレンジ精神は伊勢丹で培《つちか》われたものだ。

東急百貨店は、2005年に上場を廃止し、東京急行電鉄の完全子会社になっている。グループには、交通、不動産・建設、映画、カルチャーがある。二橋が社長に就任してまず考えたのは、「恵まれた立ち位置を圧倒的な強みとする経営」だった。

伊勢丹時代、二橋は開発、交通、物流などで、グループ企業と協働作戦が立てられる電鉄系百貨店がうらやましかった。伊勢丹で購入した商品を私鉄沿線の各駅で受け取れる仕組み作りなど他社とのコラボを試みたことがあったが、うまくいかなかった。

その点、東急百貨店はグループとのコラボ次第で容易に新しい業態、事業を追求することができる。その組み合わせの幅の広さを〝強み〟にしていきたいと考えた。現実に、「シンクス」は東急電鉄所有の商業施設ビル内出店、「ヒンカリンカ」は東急不動産とのコラボ、また本店のイベントも、「東急文化村」とのコラボによるものが多い。また、東急電鉄出資のネット通販会社の在庫管理システムを活用した衣料品販売もコラボ事業だ。

二橋は、今後は「1つの東急」に合わせた展開を行うと宣言。

「グループの強みを発揮し、商品から運営形態に至るまで、いろいろなものを組み合わせていく。東急沿線では地域特性を重視し、地域に根差した店舗作りに力を入れていく」

二橋は、傍流視点から新たな事業に挑み続ける。

5 中田卓也《なかたたくや》 ヤマハ社長

全グループを巻き込み「ヤマハフィロソフィー」を策定

大ヒット商品シーケンサー「QY10」を開発

私は、企業が続くことは、それだけで成功といえると考えている。多くの人が「続けること」の難しさや重要性を本当の意味で認識していない。継続するには、昨日と同じではいけない。過去の自分や成功体験、会社の在り方を否定する。変化するビジネスシーンで、変わり続けない限り継続できない。それは過去、常識、慣習を覆《くつがえ》し、イノベーションを継続して行うことに他ならない。それができる人材こそ「経営者」だ。

その点、ヤマハ社長の中田卓也は、新しいことに挑戦し続けている。

中田は2013年、社長に就任するや、自ら成長の原動力を創り出す構造改革に着手。当時のヤマハは楽器や音響機器ごとに開発、製造、営業部門などがあり、組織が細分化されていた。

そこで、製品別事業部制を廃止し、開発、製造、販売など横断的に統合した機能別組織に転換した。中田は言う。

「ヤマハ全体の多種多様な技術やノウハウから物事を考え、顧客に新しい価値を提供すべくイノベーションを起こしていくための改革です」

以来、中田は技術者だけを集めた「社長報告会」を毎月2回設け、さらに2018年には技術者を一ヶ所に集め、技術融合の強化を目的とした「イノベーションセンター」設置するなど技術革新のための環境づくりに腐心《ふしん》する。

中田卓也

入社以来、一貫して開発に携《たずさ》わってきた中田は過去のやり方、慣習を否定し、アナログとデジタルの融合によるイノベーションを起こしてきた。

中田の名前が社内で知られるようになったのは、電子楽器の担当として、手軽に作曲や演奏を楽しめる装置「シーケンサー」を開発したときだ。当時、ヤマハは競合他社にシェアを奪われており、開発プロジェクトリーダー、中田の使命は「起死回生《きしかいせい》の一打を出すこと」だった。

新しいコンセプトの商品で勝負することを考えて

いたある折、メンバーが「スキーバスの中でも使えたら面白い」と提案した。当時はスキーブーム。ヘッドホンを付ければ作曲してすぐに車内で聴ける。従来の製品は大掛かりで持ち運びができない。それを音源内蔵のポータブル型にする。「それだ」。中田は膝《ひざ》を打った。こだわったのはサイズ。ビデオテープのVHSサイズにすることを考えた。技術者たちは一様に「できない」と突っぱねた。

しかし、中田は譲《ゆず》らなかった。最初はいろいろな部分が数ミリ単位で出っ張っていたが、プラスチックの厚みを薄くするなど工夫を重ねた。1990年、世界初の音源内蔵シーケンサー「QY10」を発売、大ヒット商品になった。

さらに、2000年、業務用音響機器（PA）と電子楽器（DMI）部門の合併により新たに発足した「PA・DMI事業部」の副事業部長に就いたときのこと。

当時、電子楽器事業部は、利益を上げていた花形部署。一方、業務用音響機器事業部は赤字続きだった。中田は、事業部長と議論しながらイノベーションを起こすべく事業融合に腐心した。組織は従来の商品別から機能別に再編、担当者も音響機器と電子楽器の両方を見る仕組みに改めた。その結果、縦割り事業部間の壁が取れ、役員がお互いに連携し始めるという効果も出てきた。事業部は黒字転換した。

イノベーターの本領を発揮したのは、2005年、同事業部長に就いたときだ。当時、顧客はピアノを買う際、アコースティックとデジタルの区別をせず、一括《ひとくく》りでピアノと考えるようになっていた。中田が言う。

「作り手だけが依然、別物と捉《とら》えていた。そこで、固定観念を転換し、音や演奏性の優《すぐ》れたアコースティックと、コンパクトで場所を取らず、音量を下げられるなど利便性が高い電子ピアノを融合したピアノで新しい提案をしようと考えたのです」

2009年、ヤマハは、鍵盤《けんばん》はグランドピアノ、音源はデジタルという世界初の「ハイブリッドピアノ」を開発し、発売した。

イノベーションにかける中田の情熱がヤマハを変え続ける。

エルトン・ジョンの生演奏を世界配信

経営者に「胆力《たんりょく》」は欠かせない。胆力を言い換えれば、「覚悟」。それがなければ決断を下すことができない。決断することとは、前任者を否定し、会社の在り方を否定することであるからだ。私は、企業は変わり続けない限り存続はできない、それができた人材こそ経営者であり、その源は「胆力」であると考える。

その点、中田卓也も、「胆力」のある経営者といえる。

2013年、社長に就任すると、中田は30年ぶりの大胆な組織改編を実施、ピアノ、電子楽器など製品別事業部を廃止し、新たに生産本部、開発本部、営業本部といった機能別組織に転換した。さらに、社員に議論させて「ヤマハフィロソフィー」を策定、長期ビジョンを明示した。また、2018年には技術者を一ヶ所に集め、技術融合を強化する「イノベーションセンター」を新設、イノベーションの徹底強化を打ち出している。

胆力は、にわかに付けられるものではない。その点、中田の胆力ぶりを表すエピソードは枚《まい》挙《きょ》に暇《いとま》がない——。

1つ目は開発リーダーとして持ち運びができる音源内蔵のポータブル型「シーケンサー」を開発したときのこと。最初は技術者たちから「できない」と猛反発を受けた。上層部の反応も冷ややかだった。しかし、中田は譲らず、工夫を重ねて試作品を作り、欧米の販売会社を回った。するとプロのミュージシャンが飛びついてくるなど予想以上の反応だった。中田の胆力で開発した世界初の音源内蔵シーケンサーは大ヒットとなった。

2つ目は、「PA（業務用音響機器）・DMI（電子楽器）事業部」副事業部長のとき、電子機器、音響機器など製品別に分かれていた組織を、ハードウエア設計、ソフトウエア設計など機能別組織に改革したこと。製品別組織に安住していた社員の抵抗を押し切って断行した改革だった。ここで大事なのは、いかにヤマハ全体を考える技術者を育てるかという問題の本質から入って、その解決手段の1つとして組織を変えている点だ。つまり、技術者の意識改革を目指した組織再編であったわけだ。

３つ目はブランド戦略。ＰＡ・ＤＭＩ事業部長のとき、買収した海外企業のブランドを初めてマルチブランドとして使用したことだ。２００５年、ヤマハはドイツの大手音楽制作ソフト開発会社、スタインバーグ社を買収。その際、役員たちは自社ブランドにこだわり、傘下に入った企業なのだから〝ヤマハブランド〟で売り出すべきだとした。しかし、中田は「世界的に知られているスタインバーグのブランドを使うべきだ」と主張した。中田はヤマハがマルチ文化を身に着けつつあることを世界に示した。それ以降、オーストリアのピアノ会社「ベーゼンドルファー」など買収ブランドをそのまま展開するようになる。

圧巻は、中田が米国現地法人の社長時代の２０１３年、創業１２５周年記念コンサートにエルトン・ジョンのリモートライブを実行したときのこと。リモートライブとはインターネットを介して映像・音声・演奏情報を同時に多極点に配信できる技術のこと。鍵盤のタッチやペダルの動きまでも正確に録音・再生ができる自動演奏機能付きアコースティックピアノと、リモートライブを組み合わせればアーティストの生演奏を遠隔地に同時配信して自動演奏することができる。観客は遠隔地にいながらも、まるで目の前で演奏しているかのような臨場感を味わえる。

エルトン・ジョンは中田のオファーに快諾した。ところが、本社側は「エルトン・ジョンで失敗したら、取り返しがつかないことになる。やめる」と言い始めた。それに対して中田は「大丈夫だ。私が全責任を取る」。この中田の力強い言葉に押されるように、本社の技術者たちも覚悟を決めた。ヤマハ本社や銀座店をはじめ11ヶ国23ヶ所に同時配信することになった。リモートコンサートは大成功裡に終わった。

中田の胆力の為《な》せる業《わざ》だった。

「あなたにとっての志は何?」全社員に覚悟を問いかける

私は、経営者に求められるのは「胆力」だと思っている。では「胆力」の源泉は何か。それは「志」「夢」「使命感」だと考える。創業時から「夢」や「志」を内在させ、「使命感」を持っている創業経営者・オーナー経営者と違い、サラリーマン経営者は入社時から「志」「夢」を抱いている人は多くはいない。

その点、中田卓也はどうか。社長就任以来、社員に「志を抱《いだ》け」と繰り返し訴えている。物事を突き動かすのは、〝熱量〟。成果は「熱量×スキル」で決まる。いくら卓越したスキルを身に着けていても、熱量がゼロなら成果はゼロ。では、熱量の根源になるのは何か。それは「志」だ、と中田は言う。

「志とは〝ありたい姿〟、〝なりたい姿〟を心に決めること。熱量は志から出てくる。志があれば、あきらめず、困難を克服することができるのです」

中田がいかに社員の「志」にこだわっているかは、2014年、社員が意識を共有するための理念体系「ヤマハフィロソフィー」を全グループを巻き込みながら策定したことからもうかがえる。

中田は、2013年、「ヤマハウェイ」(行動指針)を制定すると宣言、自らがリーダーとなりプロジェクトメンバーの選出から着手した。メンバーは、役員、管理職にヤマハらしさ、価値観をインタビューし、また、若手社員と社長の座談会や国内外従業員へのアンケートなどを実施、さらに、国内では研修会を設置、海外販売現地法人では幹部社員へのインタビューを実施した。

その後、全国各地で役員と社員の意見交換会を23回設ける一方、海外生産現地法人15拠点の幹部社員へのインタビューを行う。こうして「ウェイ」を含む理念体系を「ヤマハフィロソフィー」として制定した。

重要なのは中田が「ウェイ」作りを社員に託《たく》したことだ。

1つは、「社員に志を抱いてもらいたい」という中田の強い思い入れがあったからだ。まず、社員にウエイづくりへの「志」を抱いてもらう。次に、制定したウェイに基づき、社員が「志」を抱き、自分で考え、責任を持って仕事に取り組むことを目指した。

もう1つは、グループ全体で活発な議論を行うことにより、社員が腹に落ちるウェイにすることだ。中田が言う。

「トップダウンでは、社員は納得感を持てない。グループのあらゆる層が何らかの形で参画し、自分たちの手で作り上げることが大事。プロセスを通じて、何を目指さなければならないか、社員の本音が出てきますから」

制定した「フィロソフィー」は、「感動を・ともに・創る」というコーポレートスローガン以下、企業理念、そして「志」「誠実」「自発」「挑戦」「執着」の5つのウェイと「顧客体験」「品質指針」で構成される。

見逃せないのは、「志」はウェイの1番目に挙げられている点。そして、配布された「ヤマハフィロソフィー」のカードに書かれている「あなたにとっての志は何?」などの問いかけ1つひとつに、1人ひとり答えを記入した上で携帯していることだ。

つまり、全社員に「志は何か」と覚悟を問いかけているのである。

さらに、志を抱く社員を支援する「バリュー・アンプリファイヤー」という社内起業制度を導入している。社員は誰でも提案を社内のイントラネットに上げられるようにし、提案に対して他の社員たちが「いいね」ボタンを押すことができる他、審査過程は社内にオープンにされている制度である。全社員が参加できる場で、社内ベンチャーの提案を思い切ってできる。志を行動に移す場となっている。

では、1981年、慶応大学法学部を卒業し、ヤマハに入社した中田の志は何か。4歳のとき、ヤマハ音楽教室に通い始め、音楽の基礎を身に着けた。小学生になると、兄に影響を受け、ロックを聴き、ギターを弾き始める。中学・高校時代には、バンドを組み、文化祭や夏祭りのステージに立つ。大学時代は、シンセサイザーに熱中した。入社動機は音楽とモノづくりが好きだったこと。志は、「ワクワクする音・楽器を世に送り出したい」。

その志は今も変わらない。

世界中でブームを巻き起こした「初音ミク」

成長する企業の経営者は、自社のコンセプトを明快に説明できる。自社が取り組むべき事業を十分理解している範囲内に絞り込み、わからない事業は決して手掛けない。

その点、中田卓也は、ヤマハの理念は「人間必需品産業」と明快だ。

われわれの商品は〝生活必需品〟ではない。しかし、人間が人間らしく生きるために必要な商品であるという。

ヤマハの事業は、ピアノやポータブルキーボードなどの鍵盤《けんばん》楽器事業、サクソフォンなど管楽器事業、ギターなど弦楽器・打楽器事業、システムコンポ、会議システム、PA機器など音響機器事業、電子部品、自動車用内装部品……。これらはすべて中田自身が現場の実態を体感し、把握できている事業ばかりである。

中田が現在、イノベーションに精力を注《そそ》いでいるのは、「感動と豊かな文化」を人々に提供することを不動不変の理念として守り抜くためである。

ヤマハの事業は、生活必需品ではないという強い認識から事業戦略はスタートする。人間は楽器がなくても生きてはいける。それゆえ、楽器には生活必需にない絶対的な特徴が1つ生まれる。生活必需品である食べ物であれば、人間は毎日必ずおなかが減るので、昨日よりおいしい食べ物でなくても、みんな必要としてくれる。

しかし、楽器は違う。魅力的な何かがなければ、顧客には価値を認めてもらえない。そこで、新しいもの、経験したことがないものにこそ、価値があるというヤマハの戦略が生まれる。

中田が企業スローガン「感動を・ともに・創る」、ビジョン「なくてはならない、個性輝く企業になる」を掲《かか》げる理由がそこにある。感動には、①夢中になれる愉《たの》しさ、②心惹《ひ》かれる美しさ、③自信を持てる確信、④新しい可能性に気づく発見――の4つがあるという。

「この4つが、お客様に提供できる価値と定義しています。そういう感動を生み出す商品を出し続けることで、お客様はヤマハのロゴを見なくても、『ヤマハの商品だ』と伝わるときがくるようにしたいと思います」

ヤマハには「ハイブリッドピアノ」など個性ある商品が数多くある。最近ではトランスアコースティックギターがある。デジタル技術を使った機能を持ちながら、発音はアコースティックの方式で行う独自技術を搭載。これにより、アンプやスピーカーを接続せずに、ギター本体の振動でエフェクト音を発することが可能になった。中田が言う。

「普通のフォークギターなのですが、弾《ひ》くとお風呂やトンネルの中で弾いたような音がします。そういう新しいテクノロジーを生かしながら、楽器の新しい可能性を広げていく」

新しい価値は、楽器だけでなく、音楽制作の領域でも提供している。中田がPA・DMI事業部長時代の2007年に登場したバーチャルシンガー「初音《はつね》ミク」は、ヤマハの技術をもとに、クリプトン・フューチャー・メディア社が製品化したPCソフトで、世界中にブームを巻き起こしている。

誕生の経緯は――。中田が同事業部副事業部長だった2004年、ヤマハは誰にでも楽曲が作れるソフトを開発。メロディーと歌詞を入力するだけで歌声に変換してくれる歌声合成ソフト「ボーカロイド」だ。ボーカロイドは「初音ミク」というキャラクターとともに、作曲のすそ野を一気に広げた。それを使って、作曲活動を行う様々な人が独自の楽曲を聴いて楽しむ消費者であると同時に、世に輩出する生産者（クリエイター）となった。初音ミクで作詞作曲しているのは主にアマチュアだ。ボーカロイドは、まさに聴く人に感動、作る人に感動を提供する商品となった。現在、初音ミクの人気は高まる一方である。

〝人間必需品〟としての楽器を世界に普及させるため、ヤマハは「ヤマハ音楽教室」を世界40以上の地域で展開。約59万人（うち日本39万人）が学ぶ。一方、最近ではマレーシアなど新興国の公立小学校での音楽普及活動にも力を入れている。

「まずアジアを押さえ、次に中南米、アフリカでも展開したい」と田中は言う。

中田の人間必需品＝楽器の需要創造の闘いは続く。

個別の楽器で世界No.1を狙う「ブランドトップ戦略」

企業にとっての至上課題は、持続的な成長である。そのために企業は何をすべきか。それが企業経営に求められている最大の課題。重要なのは、中長期的な周期で成長を遂《と》げているかどうかだ。持続的成長を遂げる風土になっているか。土壌が改良されているか。〝種まき〟が行われているかが問われているのだ。

今のグローバリゼーション時代には、ほとんどのトップが短期的視野で利益を上げることで頭がいっぱいだ。トップのミッションは利益を上げ、株価を高め、価値を増大させることのみとされ、トップを評価する基準が収益一辺倒になっているからだ。そのため、つい近視眼的な経営に陥《おちい》ってしまいがちだ。必要なのは、長期的な視点である。

その点、中田卓也は、ゴーイングコンサーン（企業が将来にわたって事業を継続することを前提にする考え方）を重視する経営者の1人。常々、「**私の役割はヤマハをもっと個性輝く会社にして次の人にタスキを渡すこと**」と語る。

中田は、これまで長期的視野で経営の体質強化に取り組んできた。社長になるとまず、製品別事業部制を廃止し、開発、製造、販売など横断的に統合した機能別組織に転換した。さらに、グループ全社を巻き込んで新たな経営理念「ヤマハフィロソフィー」と行動指針「ヤマハウェイ」を策定、また、2018年には、全社の技術者を1ヶ所に集め、技術融合の強化を目的とした「イノベーションセンター」（IC）を設置した。一連の改革の真の狙《ねら》いが、社員がヤマハ全体を考える〝意識改革〟にあることはいうまでもない。つまり、〝ヤマハ人づくり〟だ。

中田には、1人ひとりの社員が自分で考え、問題を見つけ、解決していくことが当然の価値観として共有されている組織は、環境の変化に対応して変革を続け、成長していくことができるという信念がある。それだけに、意識改革が進めば、企業は発展し、ゴーイングコンサーンを実行することができると確信する。

現に、ヤマハは変わりつつある。例えば、全体最適の視点で、複数工場をまとめて管理することで、需要期の異なる製品の生産を分散し、各工場の生産を平準化できるようになった。

従来のヤマハは、第4四半期が毎年赤字だったが、2013年以降黒字が続く。年間を通じてラインの稼働率を引き上げたことが、6期連続の増益を達成した原動力となったのだ。さらに、「ヤマハウェイ」の制定で、社員が「志」を抱くようになり、PDCAを回せるようになりつつある。また、ICの設置で、ヤマハ全体を考える技術者の育成に拍車をかけることができる。

中田が腐心するのは、風土改革の一層の加速である。ヤマハの社員は「総合楽器で世界No.1」という地位に甘んじ、チャレンジ精神が希薄になっていないか。そこで中田が打ち出したのが、チャレンジする人を後押しする人事制度の改定だ。年齢にかかわらず挑戦し続ける人を応援し、リーダー型人材だけでなく、高度な専門性を発揮する人材も評価するようにした。「人」が爆発的なエネルギーを発揮するのは、夢や感動のある仕事に従事するときだという、中田の基本的な考え方が反映されている。

中田が訴えるのは、ピアノなど個別の楽器で世界No.1を狙う「ブランドトップ戦略」だ。ゴーイングコンサーンで、前社長の梅村充の「顧客主義」「高品質主義」をヤマハフィロソフィーで引き継ぐ一方、歴代社長の想い「ブランド力強化」を継承するのみならず、トップ戦略を個別楽器にも広げ、「No.1ブランド」を目指すことを意識させた。

ヤマハは楽器全体の売り上げでは世界No.1。しかし、名だたる世界的コンクール優勝者が奏《かな》でるピアノは米スタインウェイのピアノ。ギターも、米ギブソンに比べてブランド力が劣る。

「各楽器のブランドをトップにしよう」。中田はゴーイングコンサーンに基づく長期的不変的課題として掛け声をかけ続ける。

6 杉《すぎ》山《やま》博《ひろ》孝《たか》　三菱地所会長

丸の内再生　全世界の「街づくり」の成功モデルをつくる

横浜市金沢区の宅地開発で夢を実現

サラリーマンが大企業のトップに上り詰める確率は天文学的な数字だ。私は、拙著『幸運思考』（講談社）で、成功する人の共通点を①逆境でも「自分は運がいい」と思える人、②「志」や「夢」を持っている人、③あきらめない人、④気配りのできる人——など8つ挙げた。

その点、三菱地所会長の杉山博孝も、「成功者」の条件を多く備えている。一橋大学経済学部卒業後、同社に入社し、人事部、企画部などを経て社長にまで上り詰めるが、その過程で自分で「志」を追い続ける環境を作り上げている。

まず、逆境でも「運がいい」と思えること。人は誰しも同じような体験をする。どのようなことであれ、それに対して「運がよかった」と思えるような人が成功している。杉山も失敗したとき、原因を他人や時期、環境のせいにしたりせず、すべて反省の機会に置き換えてきた。

さらに、将来は社会に貢献したいという「志」を持っていること。杉山は社会や地域に喜ばれる、魅力ある「街づくり」をしたい、という志を持ち続ける。また、何があっても途中で挫《くじ》けたり、あきらめたりしないこと。

それらを示すエピソードは多い。まず三菱地所に就職できたことに自分は運がいいと思った。大学時代、経済地理学を勉強し、当時実行されていた政府の第二次全国総合開発計画（新全総）に影響を受け、不動産開発に直接かかわりたいという志を持ったのがきっかけだった。今も入社したことが人生最大の喜びと明言する。

杉山博孝

１９７４年入社後、最初に配属されたのは希望していた開発の仕事ではなく、会社で事務を執る経理部だった。落ち込んだが、上司の「仕事に愛情を持て」という一言で自分を変えることにした。会社には様々な部署があり、意にそぐわない部署に回されることもある。しかし、会社にとってはどれも必要な仕事であり、愛情があれば前向きに取り組める。以来、杉山はどんな仕事に対しても全力投球する。

杉山に宅地開発の仕事に就くチャンスが訪れたのは、その後配属された地域開発部であった。入社6年目、横浜市金沢区の宅地開発を担当することで「夢」を実現する。山を削《けず》り、約700戸分の大規模分譲地を開発するプロジェクトで、地元の同意を得る交渉や開発の許可を取り付ける地道な業務から着手、着工・竣工まで関わり、約3ヶ月間休日返上で働く日々だった。やり遂《と》げたときは感激した。自分が働いたことによって街が生まれ、人が生活する。それを見て杉山は、携《たずさ》わったことが実感できるのは大きな喜びだった。

それが杉山にとって最初で最後の現場体験となった。その後は人事部をはじめ、経理部、総務部など本社部門が会社人生の大半を占《し》めた。

特筆すべきは、杉山が自らの会社人生を「幸運」と考えていることだ。どんな仕事でも、長く携わっていると業界の常識や通説を無批判に受け入れたり、客観的に不合理な点を見つけられなくなる。その点、開発の仕事はある一定期間だっただけに、随所で新しい発見をすることができた。そのときの喜び、苦悩は今でも鮮明に覚えている。

その原体験が「街づくり」における発想の原点となっている。――不動産業は土地や建物などハードにかかる仕事に見えるが、実態は地域住民や地主、顧客と接し、信頼を得るなどソフトが決め手となる仕事だ。――ソフトを強化するためには人間力を磨《みが》くことを重視しなければならない、など。そうした考え方はその後の人財育成に生かされる。

人事部副長時代、杉山が腐心《ふしん》したのは社員のモチベーションの向上だった。その環境づくりのため、公正な昇格を目指す「能力主義人事制度」を策定、その制度をフォローアップする「人事面談」を導入。さらに、「昇格委員会」を設置し、客観性・納得性のある昇格決定を図る。

その後、杉山は企画部長、経理部長など歴任、2011年社長、2017年会長に就任するが、その間、「街づくりは人間力の強化が重要」と訴え、社員1人ひとりが力を発揮できる環境づくりに心を砕《くだ》き続けた。

部下の話をとことん聞き、社員が考える企業風土を醸成

成長する企業には、経営者がカリスマ的で強力なリーダーシップを発揮し、すべての状況を把握して具体的な指示を下していくタイプと、経営者と従業員の双方を律する企業文化が醸成されており、社員がそれに従って仕事をするタイプの企業が存在する。一般的には創業して間もない企業には前者の創業・オーナー経営の企業が多く、規模が拡大するに従って、後者のサラリーマン経営の企業に移行していくことを求められる。

私は、21世紀は社員が主役になり、社員1人ひとりが共有された目標に向かって自発的に動く経営でなければ成長を持続できないと考えている。

その点、杉山博孝はどうか。杉山は社長時代、数々の経営改革を決断している。

例えば、制度改革では指名委員会等設置会社へ移行（2016年6月）、事業改革では三菱地所と丸紅のマンション管理事業の経営統合（2014年3月）、米国の不動産ファンド運用業務会社「TAリアルティ」の買収（2015年1月）など。また、丸の内地域の開発では、高さ日本一を含む東京駅前常盤橋プロジェクト（2015年8月）発表など。さらに、海外事業では、タイ（2014年）、マレーシア（2014年）、インドネシア（2016年）など各開発プロジェクトへの初参加。

これらのうち、制度改革以外はすべて、各事業部から上がってきた案件を最終的に杉山が決断したものだ。

ここで注目すべきは、人の話をよく聞いたうえで決断を下す杉山流だ。まず、各部門から上がってくる案件を経営会議等で徹底的に議論させる。目的、予算、効果、企業価値への影響、リスク分散……。議論をじっくり聞いたうえで杉山は最後に社会に貢献する事業かどうか、三菱地所が取り組むに値《あたい》する案件かどうかなど、考え抜いて最終的に決断を下す。杉山が語る。

「私は部下の話をよく聞いたうえで、最終的に決断を下すようにしています。局面、局面で社長が早く発言し過ぎると、部下から意見が出なくなる。社員が自分の頭で考え、自分の責任で実行する、そんなPDCAのサイクルを回せる企業風土を根付かせたいと思っているのです」

杉山が人の話をよく聞くようになったきっかけは、入社6年目から6年間、地域開発の事業に携わったときだ。横浜市内の大規模ニュータウンの建設計画で住民の強硬な反対にあう。杉山は「住宅地を整備すれば大雨のとき、災害を防ぎやすい」と説明するが、なかなか首を縦に振らない。杉山は毎日現場へ通い詰め、住民の話に耳を傾《かたむ》けた。やがて住民は杉山の熱意に動かされ、半年後、開発は了承された。そのとき杉山は対話の重要性を実感する。

以来、杉山は部下の話をとことん聞いた。理由は一体感の醸成《じょうせい》、専門的知見や新しいアイデアを集めることは無論、何よりも部下のモチベーションを高め、自発的に考えさせることにある。上司の役割は部下が生き生きと仕事をし、実力を発揮できる環境づくりにあると杉山は確信している。

さらに、見逃せないのは杉山が人との距離感を一定に保っていること。人と人の間には越えてはならない心の分水嶺《ぶんすいれい》が存在する。その一線を越えて友達感覚になってしまうと、つい気が緩《ゆる》んで立場をわきまえない言動が出てくるようになる。

杉山は無意識のうちに人との距離感を取っている。口癖は「私の生き方は自然体」。その自然体の最たるものが距離感の取り方である。案件をふるいにかけ、調整する力もまた、距離感から生まれる。

杉山は一見、神輿《みこし》に乗る経営スタイルだが、自分の目で見、自分の耳で聞き、自分の言葉で語り、自分の腹を括《くく》る経営者なのである。

丸の内をアジアの国際金融センターにすることを確信する

すでに世の中は「創造と変革の時代」に入っている。グローバル化、M&Aの洗礼。GAFA（ガーファ：グーグル、アップル、フェイスブック、アマゾン）に代表されるネット経済の急速な進展、人材の流動化、環境問題の深刻化、CSR（企業の社会的責任）への注目の高まり。時代が変わり、スピードがアップした今、多くの企業がビジネスモデルの変更を迫《せま》られている。

企業が成長を遂げるためには、イノベーションが必要だ。イノベーションなき成長はあり得ない。「保守したくば改革せよ」という言葉があるが、存続するためには、改革し続けなければならない。

その点、杉山博孝も同様、2011年、社長就任以来、事業革新を追求し続けてきた。社長在任中、最も腐心したのは、丸の内地域の新たな街づくりだった。「丸の内地域を世界一、インタラクション（相互交流）が活発な街に」というコンセプトを強く打ち出し、実現に向けて力を注《そそ》いだ。

社長就任当時、丸の内の再開発は丸ビル、新丸ビルなど東京駅前中心に開発した第1ステージ（1998年～2007年）を経て、大手町地域を開発する第2ステージに入っていた。オフィス街は、再開発により、無機質なオフィス街から一変。ファッションブランド、レストラン、カフェが並び、アフターファイブや休日も来街者で賑《にぎ》わうようになっていた。

杉山は、「街づくりは単なるハードではない。ソフトだ」「オフィスビルは、BtoB（企業間取引）ではなく、BtoC（企業対消費者）だ」と訴えた。

杉山のビジョンは、大丸有（大手町・丸の内・有楽町）地域をアジアの一大国際金融センターにすることだ。それを実現するためにはソフト面でイノベーションを起こさなければならない。杉山の1つの大きな使命だった。

かつて、「丸の内のたそがれ」といわれた時期がある。1990年代に丸の内地域のオフィスビルはビルの老朽化で、大手企業が次々と離れていった。その手痛い経験から、「オフィスビルには時代の変化に応じた新たな機能が求められる」という考え方が全社に浸透していく。

それだけに、杉山にはビジョンの実現に確信があった。丸の内地域には世界的トップ企業16社、上場企業の本社約100社（会社四季報より）、就業者数約28万人が集積している。ニューヨークと並ぶ世界有数の企業集積があるビジネス街だ。これを生かし、大企業との連携機会を訴求するベンチャー企業を誘致すれば、賃貸事業の強化は無論、協業によるテナントサービス事業の拡大も図れると考えた。

早速、杉山は、丸の内地域をアジアの国際金融センターにするための舞台づくりに取り組んだ。多様な人々がビジネスチャンスを求めて丸の内地域に集まるようにしなければならない。

杉山は、国際金融人材育成のための会議室とラウンジを併設する「東京金融ビレッジ」を開設した。さらに、先端技術の開発を目指すベンチャーや日本への進出を図る外国企業の受け皿となる「グローバルビジネスハブ東京」、金融とITを組み合わせた「フィンテック」を行う日本初のフィンテック拠点「FINOLAB（フィノラボ）」を設置する。オフィスの売りものにした。

その結果、丸の内地域に保有する約30棟のビルの空き室率は2・42％（2017年3月現在）とほぼ満室となっている。

さらに、杉山は東京駅日本橋口前に、国際金融センターのシンボルとなるべく、高さ日本一（約390メートル）の超高層ビルを2027年度に完成させるプロジェクトを推進している。杉山の丸の内地域の革新的街づくり手法は、アジアを含む全世界の「街づくり」の成功モデルとなっている。

社会に貢献する「所期奉公」の考え

長寿企業に共通するのは、創業理念とミッションをしっかり策定し、それに基づいてビジョンを描き、実践していることだ。そして何よりも、働く人たちを大切にしている。社員のモチベーションの向上を経営の最優先課題の1つにしているのだ。社員がモチベーションを高めるには、社員が企業の社会的存在意義を見出し、「自分たちの会社は社会に役立っている。社会から尊敬されている。社会に必要だと思われている」と確信を持てるような会社にしていかなければならない。

その点、2018年で創業128年目を迎える長寿企業の三菱地所はどうか。杉山博孝は社長就任以来、創業理念の継承を重視し、その理念に基づくビジョンの実現に精力を注いできた。

創業理念とは、三菱4代社長の岩崎小彌太《いわさきこやた》が定めた三菱三綱領で、「所期奉公《しょきほうこう》、処事光明《しょじこうめい》、立業貿易《りつぎょうぼうえき》」から成《な》る。事業を通じ社会に貢献すること。処事光明は事業をするに当たり社会に対して公明正大であること。立業貿易とはグローバルな視点に立って事業を行うこと。3つは、「パブリック」「フェア」「グローバル」と読み替えている。

中でも杉山が繰り返し社員に訴え続けているのは、社会に貢献する「所期奉公」の考え方だ。社会貢献とは事業を通じて人々の暮らしを豊かにすること、その対価として適正な収益を得ること、会社の発展を通じて従業員を確保すること——。

杉山は社長在任中、毎年の入社式、年十数回の国内外の事業所回りや役員セミナーなどの折には理念や自分の思いを繰り返し伝えている。

「われわれの基本使命は街づくりを通じて社会に貢献することです」と杉山は語る。

「不動産会社は、土地を買って開発します。土地は限られた社会資産。自分の土地だから好きなようにしていいとは考えない。ある意味、土地は国から預かっているわけですから、いい開発をしないと国土をダメにしてしまうという思いがある。もちろん、利益は大事ですが、国にとっていい開発をすれば、利益はあとでついてくるという考えで事業をやっています」

ここで大事なのは、杉山はお金以外の「世のため、人のため」という自発性の企業文化を企業に埋め込もうとしていることだ。継続的社会貢献が企業の目的だが、そのためには手段として利益が必要。「利益を上げることを通じて長期にわたり社会に貢献することを目的とする組織」という企業観を持つ。

さらに特筆すべきは、杉山が「続く企業土壌を作ることが社長の役割」と考えていたことだ。「歴史に残る仕事をやりたいという思いもありますが、残るからこそ次世代に繋《つな》いでいくものを造らないといけない。われわれの仕事は5年~10年の長いスパンで手掛けるもの。社長時代に計画し、完成する例はまれです。例えば、私は2年前、高さ390メートルのビルを造ると発表しましたが、完成する頃には喜寿《きじゅ》を迎えている。この世にいるかどうかもわからない。だから、〝続けていく文化〟を作ることが大切なのです」

開発に長期間かかるのは、前社長の木村惠司時代に決定し、杉山時代に完成した「大手町フィナンシャルシティ」の例などからもうかがえる。

杉山が一貫して腐心し続けているのは、「人育て」だ。専務時代、杉山は人材育成の考え方を、①長期的な観点での人材育成を重んじる、②仕事を通じた人材育成が一番大事――などと語っている。すなわち、「ＯＪＴで、時間をかけて育てること」を基本とする。

面白いのは、杉山が、**「自社らしい人材育成に、愚直に真剣に継続して取り組む」**と断言している点だ。つまり、杉山は人材育成策でも**「自分で考え、世の中、社会のために仕事をする人間」**という〝ぶれない軸〟を追求すると当時から訴えている。

長寿企業の秘訣がそこにある。

組織の随所にNo.2を育成

会社はトップがいなければ動かないが、トップ1人だけでも動かない。トップ1人の努力だけでは、成長の達成はおろか、改革などできない。改革は社員1人ひとりが自分の頭で考えて、判断し、実行していく能力を持ち、能動的な仕事をやらない限り、成し遂げられない。社長の仕事は、私の言う「No.2」に自らの夢やビジョンを語り、旗印を掲《かか》げ、それへ向けて会社全体が動くように仕向けることだ。

その点、杉山博孝はどうか。2011年、社長に就任すると、20年までの長期計画「ブレークスルー2020」を策定、長期ビジョン「都市の未来へ、世界を舞台に快適な空間と時間を演出する企業グループ」を掲げ、①都市再生の革新的な担《にな》い手としてチャレンジを続ける、②環境への先進的な取り組みにより持続可能な成長を目指す、③お客様にとっての価値を考える――など5つの行動指針を示し、全社員が一丸となって進むことに全エネルギーを注いできた。

杉山の夢は、三菱地所を「業界№1」にすること。丸の内、都市開発、住宅、海外の4つの投資開発事業で質量とも「№1」ブランドを目指す。

問題はどうやって達成するか。杉山は、同社の強みを拡大再生産し、圧倒的なものとする〝強みの拡大再生産スパイラル〟にしていくことが肝要と考える。

同社の強みは長年、丸の内事業で培《つちか》ってきた「街づくり」のノウハウの蓄積があること。1989年のニューヨークのロックフェラーグループの買収により米国でのビル開発、運営ノウハウを獲得。1990年のロンドン市のパタノスタースクエア再開発事業への参加以来、英国での開発ノウハウを積み重ねていることだ。これらの強みを生かし、欧米アジア各国の開発事業へ参加、多彩なノウハウを提供していく。

重要なのは、〝№1確立〟の主役は社員であると杉山が認識していることだ。それだけに人材力の強化が不可欠と考える。社員が自分で考えて、自分の責任で行動する、いわゆるPDCAを行う風土を培うことにこだわるゆえんだ。

そんな風土を醸成していくキーパーソンとなるのが同社の中間管理職であるユニットリーダ

ー（ＵＬ、旧副長）である。杉山が言う。

「ＵＬというのは、自分の下の人が何を思っているかがわかり、また上の人が何を考えているのかもわかる。上下の考え方に違いが生じた場合、うまく解決し、繋ぎ合わせ、部下の士気を高める重要な役割を担う」

まさに、１３１名のＵＬこそ「№２」と言える。私の言う№２とは、ヒエラルキーに基づく役職の「２番目」ではない。企業を変え、成長させる主役だ。トップの掲げるビジョンを実現すべく動く人であり、そのために実質的に社員を動かす人のこと。トップの意思を下に伝え、下の思いをトップに伝える。舞台づくりを行う人。つまり、ＵＬが「№２」となって社風を醸成するようなマネジメントをしなければ会社は動かない。

杉山は、「マネジメントとは、人を育てること」と明快だ。人事部副長のときのエピソードがある。人事異動の際、各職場の責任者と意見を交わすと、必ず「この人を動かされては困る」という話が出る。杉山は、ローテーション異動で様々な経験を積んだほうが、将来その人のためになると、人材育成の観点から異動効果を主張する。すると、責任者は「今この人を動かされると仕事が成り立たない」。杉山は「それは嘘だ」と言う。

「だって人材はわが社には揃《そろ》っている。今、彼を動かされては困るというのは、その上司に能力がないからなのか、上司が楽をしようとしているからなのか、そのどちらかです。半年も同じ仕事をやれば、みんなやっていける能力は十分あります」
杉山は、組織の随所に「№2」を育て、彼らを主役にしながら経営の舵取《かじと》りを行っている。

「よい街づくりが先、利益は後」という信念を貫く

企業にとっての至上課題は持続的な成長だ。そのために、企業は何をすべきなのか。それが今日の企業経営者に求められている最大の課題だ。重要なのは、中期的な周期で成長を遂げているかどうかである。持続的成長を遂げる風土になっているか。土壌が改良されているか。種まきが行われているかが問われる。

今のグローバリゼーション時代には、ほとんどのトップが短期的視野で利益を上げることで頭がいっぱいだ。トップのミッションは、利益を上げ、株価を高め、価値を増大させることのみとされ、トップを評価する基準が収益一辺倒になっているからだ。そのため、つい近視眼的な経営に陥《おちい》ってしまいがちだ。必要なのは長期的視点である。

杉山博孝は、ゴーイングコンサーン（企業が将来にわたって事業を継続することを前提にする考え方）を実行する経営者だ。

杉山は社長になると、2020年までの長期ビジョン「ブレークスルー2020」と、「バリューチェーンの強化」と「投資開発事業№1の確立」による成長を目指す「長期基本戦略」

を策定、ビジョンの実現に全力投球した。

その結果、社長在任6年間で、ほぼイメージ通りの成長を遂げ、顧客ニーズに対応したビル、生活不動産、住宅、海外の事業多角化を実現した。また、２０１４年発表の中期経営計画も、1年前倒しで達成。実績は、２０１６年度（２０１７年3月期）の営業利益の目標値１６５０億円を上回る１９２５億円だった。純利益も１０２６億円と10期ぶりの過去最高益を達成している。つまり、最高の状態で吉田淳一に社長をバトンタッチしたと言える。

同社が成長を持続させているのは、なぜか。１つは杉山の「よい街づくりが先、利益は後」という信念だ。よい街とは、そこで住んでいる人、働いている人、遊びに来る人が満足する街。街に活気が出ると、テナント価値が高まり、家賃収入が増え、収益が上がる。杉山は「優先順位を間違えないでくれ」と口を酸《す》っぱくして言ったという。

もう１つは、身の丈に合った成長を図り、事業リスクを直視する経営を心掛けていることだ。例えば、キャッシュフロー（現金収支）の管理がきちんとできている。キャッシュフローの範囲で、身の丈に合った研究開発、長期投資を行っていくという考え方は成長企業の共通項である。

杉山は社長時代、「大手門タワー・JXビル」、「大手町フィナンシャルシティ グランキューブ」などに多額の資金を投じ、キャッシュフローの範囲を超える設備投資を行うこともあったが、「身の丈に合った成長を図る」考えは不変だ。

さらに、杉山はリスク管理システムの充実化を訴える。事業、財務、コンプライアンスなど、様々なリスク管理システムを向上させていかなければならない。「それを強調すると、新しいことをやらないほうがよいという考えがある。しかし、何もしないリスクが一番大きなリスク。新しいことに挑戦しながらどうリスク管理していくかが大事」

そんな杉山が新しい事業領域への進出を推進したのは、現在着手している沖縄県・下地《しもじ》島《しま》空港における旅客ターミナル施設の整備・運営事業、物流施設事業、ホテル開発事業などからも頷《うなず》ける。杉山の想いは後任の吉田淳一に継承、新・中期経営計画には新規事業創造のための1000億円の投資枠が設けられた。

注目すべきは、杉山が注力したCSR（企業の社会的責任）活動でも、長期的視点で実施していることだ。現在、同社は山梨県北杜市《ほくとし》と、地域資源を生かした「住宅建材」、「純米酒」の共同開発に取り組んでいる。

「単なる社会貢献では長続きしない。企業が調子悪くなると最初に切られてしまう。お互いがウィンウィンとなる共同事業でなければ、持続しない」

杉山は、〝長期的視点で考え抜く経営〟を貫いた。

7 近藤正樹《こんどうまさき》　日本KFCホールディングス社長

タイ・ミャンマーなど新興国市場で事業を展開

地域に根差す新業態に挑戦

今、日本企業が直面している問題は、時代環境の変化によって、企業の「形」と「時代」との間で〝ズレ〟が生じていることだ。かつて創業者は日々、事業推進する中で、企業の「本質」を学習し、それを当時の時代環境に合わせて、企業の「形」を作り上げていった。

しかし、人口減少、グローバル化、ITデジタル化、SNS……と時代環境は急激に移り変わり、その結果、企業の形が時代に追いつかなくなってきている。企業経営者が動揺し、自信喪失に陥《おちい》っているゆえんだ。今、経営者に求められているのは事業の本質にまで立ち戻って、考え直すことだ。

その点、近藤正樹はどうか。

近藤は、三菱商事生活産業グループCEO補佐を経て、2014年、日本KFCホールディングス社長に就任。当時、ケンタッキー・フライド・チキン(KFC)事業は過去4年間、売上高が725億円から670億円、営業利益も75億円から62億円へと下降の一途をたどっていた。

近藤は、社長に就任すると、直ちに「100日プラン」として期限を設けて達成すべき課題7項目を掲《かか》げた。創立50周年を迎える「2020年のあり姿」を描くこと、理念の整理、中期経営計画の骨子作成などだ。その結果、2020年のあり姿は、「グループ全体で店舗数2000店、売上2000億円」。顧客にとって「入りやすい、あってよかった」店舗、働く人にとって「働きがいがある」「ワクワクする」企業を目指す。

近藤の最大の課題は、顧客にとって「あって嬉しい、楽しい」店づくりだ。では、どうすればよいか。社長就任以来、追求し続けた結果、得られた「解」は「地域特性に根差した新業態の店づくり」だ。

外食産業のうち、飲食店市場はこの6年間(2012年〜2017年)で約1・7兆円拡大しているのに対し、ファーストフード市場は伸び悩んでいる(「日本フードサービス協会」)。

理由はファーストフード産業が環境の変化に対応し切れていないことにある。高齢化が進み、所帯の構成人数が減少、家庭での調理が減り、外食・中食への需要が高まる。さらにネット通販による注文も増えている。

また、外食市場の垣根がなくなり、ファーストフード産業は熾《し》烈《れつ》な競争を強いられている。例えば、コンビニが飲食スペースを設け、コーヒーを提供すれば、弁当チェーン店、ファミリーレストランもテイクアウト、宅配を強化し、ファーストフード市場分野へ参入、従来のファーストフードの市場が浸食されつつある。「競争環境は一層厳しくなり、ボーダーレスの争いになっている。外食に加えて、コンビニやスーパーを含めて、まさに食の機会の奪い合いに……。中でもコンビニは全国に5万店もあるうえ、好立地に出店しており、われわれにとって脅威であることは間違いない」(「週刊東洋経済」より)

近藤正樹

そこで近藤が取り組んだのがフランチャイズビジネスの改革だ。従来のように、マニュアル制約ゆえの「待ちの姿勢」、つまり全国画一的なKFC店だけで市場の変化に対応するやり方では、限界がある。攻めに転じなければならない。

「そのため、われわれは米ケンタッキー本部に交渉を迫《せま》ったのです。店の立地でお客様は異なる。客層、地域特性に応じた業態に変えないと店は生き残れない、と」

近藤は現在、新業態店――食事やカフェを楽しめるカフェ型、常時60メニューを装置するビュッフェ型、ランチ・カフェ・ディナーを楽しめるカフェ＆バル型、気軽にオシャレに過ごせる次世代型などの開発と店舗展開に挑戦している。新業態店は既存店と比べ、坪数が1・5倍、客席数も2倍以上ある。実験店はいずれも成果を上げており、チェーン店成功のメドが立てば全国に拡大する方針だ。

近藤は、日々、時代との「ズレ」の解消に腐心《ふしん》している。

表彰制度を多く新設　「従業員主役の経営」へ

成長する企業の経営者に共通するのは、常に危機感を持っていることだ。そして、社内にどう危機感を植え付けていくのか、そのメカニズムを考えている。何よりも、会社の有する問題を共有し、存続の危機にあることを社内で顕在化させる文化を醸成《じょうせい》している。

近藤正樹も同様、社内に危機感を持たせることに心を砕《くだ》いている。

近藤が社長に就任するまでの4年間、日本ケンタッキー・フライド・チキン（ＫＦＣ）の業績は低下の一途をたどっていた。そこで近藤は、「１００日プラン」として１００日間で達成すべき自社の課題を明確化し、その後、克服すべき方策を講《こう》じていった。

近藤がとりわけ危惧《きぐ》したのは、「現場と本部の距離感」であり、当事者意識の欠如からくる「待ち」の姿勢だった。そのため、①現場と本部の一体感を醸成し、現場力を強化すること、②挑戦することを評価し、「攻め」の姿勢へ転じること――を競争力強化のための不可欠条件とした。

近藤はこうした方策を全社で共有することに心を砕く。毎年、全国各地で店長・店幹部との対話会「社員懇談会」を二十数回、開催するのはその証左だ。

近藤は常々、全国1150店を顧客が満足し、喜ぶ店にするためには、3万人の全従業員がいかに生き生きとして働くかがキーポイントだと考える。そのため、社員のモチベーションの向上に腐心する。モチベーションが高まれば自ら感じ、気づき、動く。では、どうすればよいか。

近藤が大事にしていることは「褒《ほ》める」こと。仲間がお互いを称賛し合う文化を育むことに力を注ぐ。褒める活動だから経済的意味はない。しかし、称賛されることで努力したんだなと実感できる。いかに小さな成果であっても、目に見える形でそれを示し、従業員に成果が得られていることを実感できるようにして情熱を喚起しているのだ。

では、具体的に称賛活動をみてみよう。代表例は、店舗管理・運営の資格を持つ従業員の感謝の会「シフトマネージャーコンベンション」だ。シフトマネージャーとは、永年勤続者を含む時間帯責任者（アルバイト）で、約３７００人（２０１7年3月現在）いる。

店の活性化はシフトマネージャーのモチベーションで決まる。マニュアルを基本としつつ、個々の社員の自分なりの考え方、自分の感覚、自由な発想がお客を惹《ひ》きつけることになるからだ。近藤は言う。

「感謝の気持ちを伝え、そのうえで、ＫＦＣの理念や当社の現状、方向性を共有してもらいたいという考えから始めたのです」

近藤は、他にも表彰制度を多く新設した。卓越したアイデアを提案した人に与える「おいしさ、しあわせ活動賞」、毎月、店で一番優秀な人を表彰する「セレブレーティングチャンピオン」、日々の中で従業員が素晴らしいと感じた活動を行った従業員に贈る「チャンピオンカード」。

特筆すべきは、素晴らしいお客対応をした人に贈る半期に一度の「スーパーホスピタリティ賞」だ。毎回11名を選出し、表彰会とディナーパーティを開催、２日目にはディズニーアカデミー研修に招待する。受賞者はお客に感謝され、喜ばれた事例に基づいて選出される。

例えば、受賞対象となったお客のお礼の言葉。「1歳の子どもを連れてお店に入ると、女性の店員さんが子どものアレルギーの有無を確認したうえ、ビスケットを包んでくださった。また、椅子を退《しりぞ》けてカートの置き場も作っていただき、『何かあればお声をかけてください』とまで言ってくださった。嬉しかった」「父が会計時に『カードの登録ができなくて困っている』と伝えると、店長さんが客席で丁寧に登録の手順を教えてくれた。その間、温かいコーヒーをいただき、父は喜んでいました」など。

こうした事例を共有すると、他の店の従業員もやってみようとトライするという。

近藤の危機感からくる「従業員主役の経営」への挑戦は続く。

覚悟のピザ事業売却、タイに進出

経営者に求められるのは「決断」だ。決断することとは、場合によっては自己否定、過去の否定に繋《つな》がりかねない。それだけに、決断を下すには「覚悟」と「胆力《たんりょく》」を要する。

さらに、経営者が失敗を恐れずに絶えず新しいことに挑戦しなければ企業は成長しない。したがって、トップたる者、失敗を恐れない胆力が必要となる。

その点、近藤正樹はどうか。社長就任以来、企業風土の改革をはじめ、社員の意識改革、事業改革など数々の改革を行ってきた。改革の発想の原点はすべて、持続的成長を達成すべく企業筋力を強化したいという近藤の「志」にある。

とりわけ近藤が力を入れたのは、企業風土の改革と社員の意識改革だ。社員が自らの頭で考えて、自らが責任を持って行動する企業風土を醸成しなければならない。世界のケンタッキーからみると、日本KFC自体もフランチャイジー（加盟店）企業。そのため、店舗デザイン、広告などあらゆることにマニュアルがあり、それを守ることがルールとなっている。しかし、今の変化の時代、それだけでは戦えない。マニュアルの枠を超えた新たな店舗作り、販促などが必要になっている。

同時に、社員の意識改革も重要だ。社員のキャリアプランでは、入社後、店舗勤務を経て店長に就任。店長は人材採用・育成、オペレーション、収益管理などを任される。まさに〝店長＝経営者〟という意識が求められる。その後はエリアマネージャー、さらにスーパーバイザー、また本社で商品開発、マーケティング、経営企画などに携《たずさ》わる。だからこそ本社スタッフは、培《つちか》った現場感覚で、現場をサポートし、現場が生き生きとする環境づくりを行うことが重要な役割となる。近藤が〝全員経営〟と唱《とな》えるゆえんだ。

注目すべきは、近藤が下した2つの大胆な決断だ。

1つは、同社の傘下にある事業会社「日本ピザハット」を売却、ピザ事業から撤退したこと。そもそも日本ピザハットは、業績不振で減収減益が続いており、近藤が社長に就任した当時、14億円の営業赤字に陥っていた。それを近藤は3年で黒字化。手法は、個食化に対応したイートイン・テイクアウトの新業態を展開するなど新市場を創出したこと、顧客対応のデジタル化推進――など考え抜いた再建策だった。今後も地域特性に応じた店舗を着実に展開する方針を決めた。

ところが、ピザハット事業のフランチャイザー「ピザハット・レストランツ・アジア社」は、スピーディな店舗拡大を要求してきた。しかし、近藤は、成算がない多店舗展開はすべきではない、という考えだった。日本では、まずは従来のデリバリー専門を、デリバリーとテイクアウト両方行うことのできる店に転換していくことで足元を固めることが最優先だと主張した。だが、彼らは、近藤の意見に耳を傾《かたむ》けなかった。

近藤は、「フランチャイズビジネスはフランチャイジーとの信頼関係で成り立っている。この関係が築けなくなれば、ビジネスは持続できない」と考え、契約期限となる2017年、ピザ事業を売却することにした。

ここで重要なのは、近藤はフランチャイザーの言いなりにならなかっただけでなく、むしろ覚悟を決めて自らの信念を貫いたことだ。

もう1つは、タイ進出だ。

それまでタイでは米ヤム・ブランズ社（KFCを擁《よう》する持株会社）の現地子会社が直営店を運営していたが、直営からフランチャイジーに切り替えるのを機に、近藤は自ら手を挙げてタイ進出を決断。覚悟の決断だった。現在、約130店舗を譲《ゆず》り受け、タイのフランチャイザーとして運営している。

近藤は、国内の事業経験で培ったノウハウを生かし、タイやミャンマーなど新興国市場で積極的に事業展開する。さらに今後は、世界の舞台に打って出て海外市場の拡大を目指す。KFCのフランチャイジーが国外へ進出するのはきわめて稀《まれ》だ。

近藤は、常識に囚《とら》われない新たなフランチャイズ事業の開拓に挑戦する。

店長が短期間で異動しない制度を設ける

私は、企業を成長させている経営者の中には傍流《ぼうりゅう》体験を有する経営者が多いと考えている。子会社や周辺の部署で苦労した人、あるいは転職した人……。これらの人は既存の事業に対し、しがらみがないため、思い切った決断ができるという面がある。また外から客観的に会社を眺《なが》めているため、会社の事実を冷静に認識し、改革しなければならない不合理な点をよく見出せる。主流を歩み、順調に出世してきた人よりは改革を成功させているケースが多い。

その点、近藤正樹は三菱商事から来た正真正銘《しょうしんしょうめい》の〝傍流組〟だ。

海外進出、ピザ事業の撤退、チキン100%国産化、新業態店舗開発、シフトマネージャーコンベンション開始、タウンミーティング開催など事業改革、風土改革、制度改革……。傍流組だからこそ実現した実績だ。成果は、社長就任以降、増収の結果に表れている。

近藤は三菱商事ではどんな姿勢で仕事をしてきたか。

1978年、早稲田大学政治経済学部卒業後、入社した三菱商事では約20年間、コーヒーの輸入に携わってきた。仕事での信条は「納得するまで追求すること」。つまり、自らの役割を全《まっと》うすることのできる能力を備《そな》えたプロフェッショナルになること。

最初に配属された、嗜好《しこう》品の輸入販売を行う食品第3部では2年間、ルーマニア産のジャムの輸入業務を担当。まず仕事の意義を自身に問うた。それは機械輸出とのバーター取引であり、ルーマニアの工業化に貢献していることだと納得。そして、ジャムのプロにならなければ売れないと意を決し、スーパーマーケットに行ってすべてのジャムを購入。自分が納得いくまで検証し、小売店へ営業に回った。

1985年から4年間、コロンビアに赴任し、コーヒーの買い付けに携わったときも、コーヒーのプロを目指した。収穫されたコーヒー豆の出来具合、手摘み具合、品質に徹底的にこだわり、「絶対自分で売る自信がある商品しか買わない」を購入基準とし、それを貫いた。

その後も、帰国し、コーヒーを扱う。近藤はコーヒーの輸入販売を自分の裁量に任せられたことに、働きがいを感じた。以降、「任せることがプロ意識の醸成に繋がる」と考える。

そんな近藤が一貫して取り組んでいるのが従業員の意識改革だ。従来とは違う発想で進んで欲しいということから「異次元の世界を目指せ」、上司の指示を待つのではなく、自ら考えて仕事を進めていくべきだという意味で「待ちから攻めへ」などと訴えている。

とりわけ、プロ意識の醸成に腐心する。プロになるには、「現場」「立場」「戦場（戦いの場）」の3つの「場」を念頭に活動せよ。まず「現場」。われわれの最も大切な現場はお店。全員があらゆる活動を現場から発想しなければならない。次に「立場」。まずはお客さんの立場で考える。また、社内では自分よりも「上」のポジションで考える。そして「戦場」。ビジネスは毎日が戦いの場。各人が自分の目標を持っているが、目標は自分との約束だ。目標を達成するため日々自分と戦うのだ——。

さらに、近藤が口を酸《す》っぱくして言うのは「店長はオーナーたれ」。店長が短期間で異動しない制度を設けた理由だ。近藤が語る。

「異動は、店長のサラリーマン化に拍車をかけていたのです。店長は、すぐに替わると思うと真剣に経営しなくなる。だから、店長はオーナーになったつもりで経営せよと言っている。店長会議で『人事異動はしない』と宣言すると、『何年やるんですか』と。私は『お客さん、そしてお店の仕事仲間からずっといてくれと言われたときに替わる』と答えたんです」

今年、創立48周年を迎える日本ＫＦＣ。近藤は、傍流視点からの改革に挑《いど》み続ける。

8 定保英弥《さだやすひでや》 帝国ホテル社長

おもてなしのDNAで「世界最高ホテル」のブランド構築へ

国内・海外営業の壁を取り、顧客開拓を遂げる

私はこれまで500人以上の有力トップに取材してきた。そこから見えてきたのが、「会社を変えるのはトップではなく、No.2」ということ。過去会社を変えられなかったカリスマリーダーをどれだけ見てきたか知れない。その一方で「No.2」の活躍によって業績を伸ばしてきた企業、再建を果たした企業もある。No.2の有無が企業の明暗を分けることは歴史が証明している。

私の言うNo.2とは、役職やポジションの「2番目」ではない。企業を変え、成長させる主役だ。トップに意見を具申する参謀であり、ビジョンの具現化を補佐する役割を担《にな》う。また、トップと現場の間を繋《つな》ぎ、社員の自発性を引き出し、モチベーションを高め、自由闊達な企業風

土に変えていく世話役でもある。

帝国ホテル社長の定保英弥も、かつてはNo.2の役割を果たしてきた。定保は、宴会部を振り出しに、ロサンゼルス営業所、宿泊部客室予約課、営業部国際課長、営業部長、帝国ホテル東京副総支配人など歴任するが、随所で会社を変革することへの情熱を持ち、「No.2シップ」を発揮してきた。

定保は、入社8年目の1991年から4年間赴任したロサンゼルス営業所では毎日、進出日本企業をはじめとする米国企業を回り、西海岸からの顧客数を20％増やし、営業部門の活性化に貢献した。当時、日本ではバブルが弾《はじ》け、経済は下り坂に差し掛かり、同社も米国からの全顧客数が毎年1万人ずつ減少していた折だっただけに、定保の精力的な営業活動による顧客の開拓は営業部全体のモチベーションの向上に繋がった。

また、宴会部販売企画担当のときには、時代の変化に応じて、結婚披露宴を従来の既製プランから当事者2人の要望を聞きながら商品化する〝オーダーメード〟型への改革の必要性を訴えた。それを機に、減少していた披露宴件数は上向いていった。

定保がNo.2として頭角を現したのは2000年、営業部国際課長になったときだ。役割は海外顧客の獲得にあったが、折しも米同時多発テロの発生で、米国からの顧客が激減するという危機に直面。当時、米国からの顧客数は全顧客数45万人のうち、18％の8万人を占めていた。

その顧客の足が止まり、6万人台にまで落ちた。定保は米国からの顧客の減少をカバーしようと、精力的に海外を回る一方、頻繁に国内の外資系企業や各国大使館を訪問し、セールス拡大に奔走した。その結果、新たに米大使館との関係を築き上げて仕事を受けるようになったり、外資系企業から宴会を受注するようになった。しかし、減少を補うまでには至らなかった。

ある折、定保は自分の使命は「顧客の開拓にある」と再認識する。ならば、顧客を国内と海外に分ける必要などない。海外顧客の減少を国内顧客の開拓でカバーすればよい。そのためには、国内営業と海外営業の壁を取り払い、営業部門全体が一丸となって、目標へ向かって進むようにしなければならない。そこで定保は、部内のコミュニケーションの緊密化を図り、目標や課題、営業手法を共有する方向へ導いた。つまり、営業部門の風土改革を実行したわけだ。

定保英弥

そして、定保は率先垂範《そっせんすいはん》して国内の新市場を創出すべくセールス活動に取り組む。それに続いてスタッフたちも、旅行代理店などを通じ、国内プロモーション活動に注力する一方、手薄だった外資系企業や各国大使館市場の掘り起こしに着手。その結果、営業部の業績は向上した。

ここで重要なのは、定保は社員たちに、自分の頭で考え、自分で行動し、目標を達成したときの達成感は深い感動に変わることを身をもって経験させたことだ。

その後、定保は営業部長、東京副総支配人、東京総支配人を歴任し、当時社長の小林哲也（現会長）の推進する経営改革を補佐していく。

子どもの頃からの「夢」が「使命感」に

経営者に必要な、最大にして最重要の資質は「使命感」だと考える。それは「世のため、人のため」という思想からくる思いだ。創業経営者は創業時からすでに「夢」や「志」を内在させており、それらは「使命感」とワンセットになっている。しかし、サラリーマン経営者は、会社は自分の資産・財産でもないし、特別な待遇や教育を受けるわけでもない。そもそもその会社に入ったのは、偶然に過ぎない。学生時代にいくつかの内定を得ていれば、まったく違う会社で、まったく違う人生を歩んでいても少しもおかしくはなかった。コミットメント（確約）は創業経営者に比べてはるかに小さなものとならざるを得ない。

では、そんなヒラ社員がどうやって「経営者」になるのか。いや、なれる会社はどういう会社なのか。それは社員なら「夢」「志」を抱いているかどうか、会社なら「世のため、人のため」という大切な価値観を持っているか否《いな》かで決まる。

その点、定保英弥はどうか。使命感は、企業理念「創業の精神を継ぐ日本の代表ホテルであり、国際的ベストホテルを目指す企業（後略）」の実現にある。迎賓館《げいひんかん》として開業した128年前当時の原点に立ち戻り、〝帝国ホテルらしさ〟のさらなる追求や、帝国ホテルのＤＮＡを次代に引き継ぐべく人材の育成に精力を注《そそ》ぐのは、そのためだ。

では、そんな定保を突き動かしてきたものは何か。定保は１９８４年、学習院大学経済学部を卒業後、入社。宴会部、セールス部、ロサンゼルス営業所、宿泊部、営業部国際課長、営業部長など主に営業畑を歩んできた。

定保の特徴はどんな職場でも常に情熱を持って、自分の頭で考え、自分の責任で行動してきたことだ。仕事がうまくいかなかったときなどは、いったんは落ち込む。しかし、やがて自分の問題として反省の機会に置き換え、再び前を向いて行動する。

定保にそんな生き方ができたのは、子どもの頃から「帝国ホテルマンになりたい」という「夢」、「志」を持っていたからだ。定保は幼い頃、航空会社に勤める父の赴任先ドイツ・ハンブルクで6年半過ごす。また、小学校3年から3年間、香港で生活を送る。

「家族で一時帰国した際に宿泊したのが帝国ホテル。落ち着いた照明と重厚感のある内装、ロビーに漂《ただよ》うどこか凛《りん》とした雰囲気は幼い私の脳裏《のうり》にしっかり刻《きざ》まれ、成長するにつれて、将来は帝国ホテルで働きたいと考えるようになっていきました」

同社への入社は夢が実現した瞬間だった。次の夢は、同社の発展に尽くすホテルマンになることだ。熱意は会社へのロイヤルティ（愛社精神）の高さに比例する。定保の情熱は、高いロイヤルティに基づくものだった。

定保の第2の特徴は常に、「自分は『運』がいい」と思える人間であること。人は誰しも同じような体験をして、同じような経験をする。どのようなことであれ、それに対して「運がよい」と思える人が成功している。定保が言う。

「私は運がよかった。宴会部門を経験し、希望していたロサンゼルスにも行かせていただいた。また、宿泊部門では稼働率、客室単価をどう高め、いかに売上を最大化するかを決めるコントローラー（客室販売責任者）を経験することもできた。これらはすべて自分を鍛《きた》えるいいチャンスとなりました」

さらに見逃せないのは、定保は「経験するすべてが勉強」、「会う人、すべて勉強」と思える人間だということ。それだけに学んだことは多い。例えば、宴会部の上司からは数字の管理は1つひとつ丁寧に行うことの大切さを、また、ある部長には上司に対しても主張すべきは主張し、筋を通すことの大切さを教わった。さらに、ロサンゼルス時代には現地旅行代理店の女性社長の、礼儀正しく、丁寧できめ細かなサービスには胸を打たれた。そのサービスマインドは定保の理想となっている。

定保は今、〝世界最高のホテル〟づくりという、さらなる「夢」の実現に挑戦している。

世界レベルで通用するホテルマンの育成

経営者の責任とは社員1人ひとりに会社の理念、ビジョンを伝え、全員がそれを共有できるようにすることである。そのためには自分の言葉で語る「顔の見える経営者」になることだ。愚直に自分の想いを自分の言葉で何度も声に出して伝え続けることが、経営者が本気を伝える唯一の方法なのである。

定保英弥が、「国際的ベストホテルへ」というビジョンを目指すことの意味は、まさに、社員に向けて自らの改革への理念、戦略を自らの言葉でわかりやすい形で伝えることにある。

事実、定保は社長就任以来毎日、ホテルの現場を回り、現場の社員に気軽に声をかけている。また、部課長との会議やレストラン、宴会、客室担当など現場責任者とのミーティングで自分のビジョンや想いを自分の言葉で語る「伝道」を行っている。定保が繰り返し訴える想いのキーワードは「基本プレーの徹底」「帝国ホテルは民間外交の担い手」「お客様の安全・安心」「ブランド向上」「顧客満足の追求」「イノベーションへの挑戦」だ。

そんな定保が今、最も腐《ふ》心《しん》しているのが世界レベルで通用するホテルマンの育成。つまり、世界中の顧客起点のサービス提供を実現する〝人づくり〟だ。「自分がしてほしいと思う、きめ細かな、心のこもったサービスを実践する人」を育て、顧客満足を徹底的に追求することこそが、「国際的ベストホテル」を実現する前提条件となる。その顧客起点は現場だけでなく、現場を支える人事、総務、経理など管理部門のスタッフも持たなければならない必須課題だ。

定保がよく引用するのは初代会長渋沢栄一《しぶさわえいいち》が従業員に語った言葉だ。「色々の風俗習慣を持つ国々のお客を接遇する事は大変にご苦労な事である。しかし、君達が丁寧によく尽くせば、世界のお客に一生日本を懐かしく思い出させることができる。国家の為にも非常に大切な仕事だ。精進してやって下さい」（帝国ホテル社史）。日本のためにも、接遇に尽力する人材たれと言う。

では、どうやって卓越した人材を育成するか。そのためには、部下の能力を最大限引き出すリーダーの育成が不可欠だ。

リーダーとは私の言う「№２」。その役割は、１つはトップの参謀役として言うべき意見を表明し、伝えるべき情報を伝える。またトップの想いを社員に伝えていく。もう１つは社員のモチベーションを高めること。そのためには、社員が自分の頭で考え、自分の責任で仕事を回す企業風土を作らなければならない。社員のモチベーションが高まれば会社の業績も上がり、待遇もよくなり、満足感が得られる。そして、モチベーションは一段と高まるといった具合に、正のスパイラルが繰り返される。

私は拙著『続く会社、続かない会社は№２で決まる』（講談社+α新書）で、№２に共通する条件として①愛社精神を持つ、②立身出世、毀誉褒貶《きよほうへん》に無関心、③何があってもへこたれない粘り強さ――など12項目を挙げた。そんな人材をリーダーに育てていくことが肝要と、定保は考える。

では、リーダーのあるべき姿とは何か。まず部下の働きぶりを正当に、かつ公平、公正に評価する。そして、あらゆる方法で指導し、ときには叱責し、部下の業績が改善するようコーチする。さらに、部下を励《はげ》まし、勇気をもたせるよう心掛ける。

「何よりもリーダーに求められるのは、常に部下のことを考え、部下に胸襟《きょうきん》を開き、部下のことを心底気遣うことです」

現在、同社の行動基準には９つの実行テーマがある。「挨拶」「清潔」「身だしなみ」、「感謝」「気配り」「謙虚」、「知識」「創意」「挑戦」。定保が言う。

「最初の３つは社会人として、次の３つはホテルスタッフとしての基本です。最後の３つが帝国ホテルマンとしての基本であり、中堅以上のスタッフに求められることです。これがリーダー必須条件となります」

いかにリーダーを育て、理念の実現へアプローチするか。定保の挑戦に目が離せない。

「おもてなしのノウハウ」「接客技術」を次世代に引き継ぐ

すでに世の中は「創造と変革の時代」に入っている。グローバル化、M&Aの洗礼、IT、AI、SNSなどネット経済の急速な進展。人材の流動化、環境問題の深刻化、CSR（企業の社会的責任）への注目の高まり……。社会の変化のスピードはさらに加速し、企業は対応を迫《せま》られる。そんな中で、成長を遂げる経営者に共通していることは、経営には不易である部分と、変えなければならない部分があると考えていることだ。本来持っていた強みを維持すべき点と変革が必要な点を区別し、会社本来の強みを生かして弱みをなくしていく方針を取っている。

その点、定保英弥は、自社の持てる強みは何か、また自社にとって新しい方向性を考えるに当たって自分の持てるものの中で何が使えるかを冷静に見つめている。

それは定保が断行した改革からも頷《うなず》ける。多様な人材を生かす企業を目指すダイバーシティ推進室設置、安全確保のための新・地震速報サービス導入、顧客満足度向上のための帝国ホテルタワー館全室の改装、さらなる安全追求のための安全管理課新設……。これらの改革はすべて強みの再生産に他ならない。

そもそも帝国ホテルは、開業128年の歴史を持つ日本を代表する高級ホテルであり、開業以来、世界のVIPを接遇してきた実績がある。さらに、長年蓄積してきた豊富な「おもてなしのノウハウ」、「接客技術」を継承。また、チェーン化はせず、東京と大阪の帝国ホテルに経営資源を集中させている。

しかし、日本の迎賓館的ホテルとしての存在感やエキスパティーズ（専門性）は希薄化しつつある。背景に近年の、ホテルを取り巻く環境やマーケットの変化がある。例えば、人口減少による国内市場の縮小、外国資本の進出攻勢や異業種の新規参入などによる競争激化、ネット社会の出現による価値観の多様化と消費マインドの変化……。

そこで定保は、今行うべきは原点回帰。もう一度、事業の「本質」にまで立ち戻って、時代環境の変化を踏まえて考え直すことだと唱《とな》える。

その一環が、従来「強み」とされていた「安全性」、「ホテルブランド」、「顧客満足」をさらに強化し、強みの再生産を行うことで「圧倒的強み」にしていく取り組みだ。

例えば、安全性追求。食品衛生、災害対応など安全対策を推進し、またテロ等のリスクへの対策強化を図る。さらに、ホテルブランドの強化策としては人材教育の拡充、接客技術の体系化などに取り組む。また、顧客満足の追求策では、顧客情報の共有化を進め、顧客の期待を上回るサービスを提供。同時に、顧客の多様な生活シーン、ライフイベントなどを捉《とら》えた商品開発、利用提案を行う。

とりわけ定保が確信を持つのは、災害時のおもてなしのノウハウがDNAとして継承されていることだ。東日本大震災発生の折、定保は東京総支配人として陣頭指揮をとった。

「驚いたのは、従業員たちが自ら率先して避難してきた約2000人のお客様に毛布や備蓄用の飲料水や乾パンを用意したり、携帯電話の充電器をフロントに並べている光景でした。関東大震災のときも、炊《た》き出しをしたり、部屋を提供したりした記録が残っている。おもてなしのノウハウがDNAとして受け継がれていることを実感しました」

定保は、自らの使命は帝国ホテルのDNAを次の世代に引き継がせること。そのためにはDNAを受け継いでいける人材を育成する必要がある、と考える。

その人材育成法の1つが「さすが帝国ホテル推進活動」である。顧客の期待を上回るサービスを提供することを目的とし、表彰制度も設けている。この活動は社員1人ひとりが「世界最高ホテル」のブランドを構築するキーファクターになっていることを全社に示す機会にもなっている。

こうして定保は、強みを再生産すべく改革に挑《いど》み続ける。

9 日覺昭廣《にっかくあきひろ》 東レ社長

現場に精通したプロを取締役に迎える

フィルム製造設備の建設で磨いた現場感覚

持続的成長を遂《と》げる企業の経営者に共通するのは、その企業についての現場感覚があること、つまり、事業に精通していることである。経営者に事業の現場感覚がなければ、また自社の事業に精通していなければ、鋭角的な意思決定ができない。慣例や既存の考え方、しがらみに囚《とら》われて新しい発想、行動ができない。経営者は常に現場の情報を重視し、現場の生の情報に基づいて判断しなければならない。そのため、経営者は現場に自ら足を運び、現場の生の情報を肌で感じ取り、意思決定を行うことが不可欠である。

その点、東レ社長の日覺昭廣ほど現場感覚を重視し、現場視点で本質を見抜く眼力を持つ経営者を私は知らない。その口癖は「すべての答えは現場にある」。

事実、日覺は2010年、社長就任以来、毎年30ヶ所以上、国内外の事業所、工場を回り、自らのビジョンや想いを現場に繰り返し伝えると同時に、現場で起こっている問題や抱えている課題を聞き出す。

また、意思決定の過程も、事業経験が豊富で、現場の状況をよく把握している役員たちの意見や主張を重視する。

なによりも日覺の現場重視の経営は取締役の人数に表れている。多くの企業が意思決定の迅速化を図ろうと数を減らす中、東レは25人も抱える。「当社の取締役は皆、それぞれ現場を経験し、その分野を熟知するその道のプロ。そんな人たちが意思決定の場にいるからこそ、最善の決断を下せるのです」と日覺は言う。

では、日覺はどうやって現場主義を身に着けたか。そもそも日覺は東京大学工学部船用機械学科卒業後、同大大学院でシステム工学の修士号を取得し、東レに入社。東レでは院卒は中央研究所に配属するのが通常だが、日覺はプラントなどを設計するモノづくりの仕事を希望した。最初に現場の凄さを目の当たりにしたのは、入社後配属された滋賀事業場であった。フィルム製造設備の建設を担当するが、設備には毎日のように不具合が起こる。現場では、中卒や高卒の従業員が簡単な工作機械を使って、自らの手で直している。日覺は、「何でも自分たちでやるという姿勢が非常に頼もしかったし、現場経験がいかに必要かを切に感じました」と述懐する。

「答えは現場にある」を実感したのは1976年、岐阜工場工務課でPETフィルム工場の建設工事を担《にな》ったときだ。本社が設計し、工場現場とスペックなどの打ち合わせを行うが、現場の意見が通らない。同じ設備を用いて同じラインを作っても、ちょっとした機械の傾《かたむ》きや使う水の水圧の強弱によってもできるフィルムは違ってくる。そんな現場を本社は知らない。現場スタッフはすべて自分で見て確認し、経験している。日覺は現場側を支持し、本社の意見を覆《くつがえ》すことが一度や二度ではなかった。

日覺は1989年、米国でフィルム新工場を立ち上げたときも、現場主義を徹底させている。

日覺昭廣

米国の製造業を担うワーカーはアワリーと呼ばれ、時給で働く。彼らの仕事はマニュアル通りやること。生産ラインにトラブルが生じても、対応するのは大卒のエンジニア。そこで日覺は高卒ワーカーのモチベーションを高めようと、エンジニアになるための資格制度を新設し、大卒のエンジニアと同じ待遇を与えることにした。

日覺が現場感覚をいかんなく発揮した典型例は、

2015年、北米のプラスチック加工拠点をすでに買収していた炭素繊維メーカー、ゾルテックのメキシコ工場に決めたことだ。当初、有力候補地はメキシコのある工業団地だった。ある折、日覺はメキシコに赴《おもむ》いて、ゾルテックの工場を回った。同工場は元々アクリルを生産していたが、従業員が使われなくなった機械にまできれいに覆《おお》いをかけ、いつでも動かせるよう管理していた。質問に対してもきちんとした答えが返ってくる。日覺は「こっち（ゾルテック）にすぐ造れ」。この一言でプラスチック加工拠点が決まった。日覺の現場感覚から出た決断だった。

設備費や修繕費を見直し、約202億円のコスト削減を達成

私は社員のモチベーションを高めて組織を動かすのは「No.2」の役割だと考える。私の言うNo.2は役職やポジションの「二番目」ではない。専務かもしれないし、課長かもしれない。企業を変え、成長させる主役だ。企業が成長するためには何が大事なのかを考え、理念と利益の追求を同時に行う。そして成長するための方策をトップに示し、改革を成し遂げるためには何を優先させるべきか、トップに意見を述べる人のことだ。No.2がいなければ人も組織も動かないし、改革も革新も成し遂げられない。

日覺昭廣も同様、入社以来、岐阜工場工務課、米国赴任、三島工場工務技術課長、仏国赴任、

工務第2部長、エンジニアリング部門長などエンジニアリング畑を歩み、随所で〝No.2シップ〟を発揮してきた。

日覺が最初にNo.2的役割を果たすのは、1976年から6年間の岐阜工場工務課時代だ。当時、ビデオテープ用ポリエステルフィルムを生産していた岐阜工場は相次ぐ増産で、生産設備を毎年増やさなければ間に合わない状況だった。設備を建設する際、本社は工場と打ち合わせをするが、結果的には工場の意見は通らない。日覺は、「自分で見て確認し、経験している現場の意見が正しい」と主張し、本社の意見を覆《くつがえ》すことが多々あった。その結果、現場のモチベーションは向上し、増産がスムーズに実施された。

さらに、日覺はポリエステルフィルムの生産ラインを立ち上げた三島工場、新規に工場を建設した米国やフランスでもNo.2の役割を果たす。例えば、三島工場では本社スタッフとして1～5号機の建設を担当。日覺は常に自らの考えを筋道立てて説明、現場と徹底的に議論をし、納得してもらう。現場の意見をよく聞き、決して命令することはしない。現場の従業員が自らの頭で考えるよう心掛けた。また、米国工場、フランス工場では現場に合わせて正しいことをやる〝東レ流〟に変えた。

日覺がNo.2シップをいかんなく発揮したのは2002年、エンジニアリング部門長として設備費や修繕費の抜本的削減を実行したときだ。当時、東レは営業利益が赤字に転落、コスト削減が喫緊の課題となった。日覺は、現場を分析し、市場環境から東レの強みと弱みを検証し、同業他社との比較を行った。東レは工場建設の際、営業、技術、工務が各領域でやりたいことを盛り込んだため、過剰設備になっていた。必要なのは機能を絞ったコンパクトな設備。日覺は機能を絞った設備に関して事業性やコストなどを関係部署に説明した。

「当初はエンジニアリングが営業のことまで口を出すなと煙たがられたが、東レが国際競争に勝つための設備を〝フォア・ザ・カンパニー〟の考えで作ると説明して、各部署に理解してもらいました」

その結果、東レは合計約202億円のコスト削減を達成した。

日覺のNo.2としての活躍で特筆すべきは、撤退に追い込まれようとしていた水処理事業の再建だ。2005年、水処理事業本部長に就いた日覺は過去の経緯と現状の問題点を徹底的に調べ、再建策をまとめた。問題は海水淡水化用RO（逆浸透）膜の採算性だ。フル生産すれば生産コストが下がり、利益が確保できるが、そのためにはフル販売する必要がある。そこで日覺は工場設備をフル生産できる構造に改造する一方、営業方法を自社営業マンによる販売から水処理膜販売のプロ集団を各地域に配備する手法に切り替えた。

社内には「そんなことできるのか」と訝《いぶか》しがる声が上がったが、日覺は「できるかできないかが問題ではない。これしか方法がない」と一蹴《いっしゅう》。水処理膜界の有名営業マンをスカウトし、世界中の優秀な人材を集めて拡販に取り組む。海水淡水化用ＲＯ膜が世界シェア№１になった成功要因だ。

こうして日覺は、№２として東レの持続的成長を作り出してきた。

時流にブレずに事業の本質を追求

成長する企業の経営者に共通するのは、自分の頭で考えて考え抜いていることだ。１つひとつの意思決定について論理的に説明ができ、簡単に議論を断念しない。「常識」や「通説」、他企業の成功の形を無批判に受け入れない。逆に、成果のよくない企業の経営者には、他人の意見の無批判な導入や、同業他社のマネが多い。経営者が経営について、本を読み、勉強会を行うことはいいことだが、大切なのは知識を詰め込むことではない。それをきっかけにして、自分の頭で考えて考え抜くことだ。

日覺昭廣も、自分の頭で考えて考え抜く経営者だ。それは形式に囚《とら》われず、本質を徹底的に追求し続ける経営姿勢に表れている。企業の本質から自社事業、基礎素材産業、研究開発、生産に至るまで本質を追求する。

例えば、日覺が取り組む事業領域を世の中が必要とする基礎素材産業の範囲内に絞り込むのも、事業の本質を追求した結果だ。２０１１年に掲《かか》げた「ビジョン２０２０」の達成に向けて、事業拡大分野を地球環境問題の解決に貢献するグリーンイノベーション分野だけから、医療や生活の質の向上、健康長寿社会の実現に貢献するライフイノベーション分野を加えた理由だ。

日覺が形式に囚われず、日本的経営の強みを深化させることに注力しているのは、「カンパニー制」「持株会社制」「執行役員制」など米国式経営を導入していないことからも頷《うなず》ける。

一時、日本企業は挙《こぞ》って「カンパニー制」、あるいは「持株会社制」を導入した。狙《ねら》いは、分社化し、独立採算制にすることで、意思決定の迅速化や収益力の強化、経営の効率化を図ることにあった。しかし、カンパニー制はうまく機能しなかった。

最大の理由は、輸入したのが「形」のみで、「本質」ではなかったからだ。本質は簡単に輸入して、マネができるような安易なものではない。カンパニー制の成功例となったGE（ゼネラル・エレクトリック社）。その成功要因は、企業内教育機関での徹底した幹部教育により、巨大なGEを1社と考えられる経営スタッフを育成していることにある。GEのカンパニー社長には全社的視点で判断する能力が備わっている。しかし、形だけを輸入した日本企業は、各カンパニー社長が自分最適を考え、重複による無駄が発生し、会社全体の最適性を失っていった。

その点、東レは当初から「分社化しない」と宣言。「新しい発想をする」という研究・技術開発の本質を追求すると、事業横断的な連携は不可欠だからだ。例えば、炭素繊維の技術開発に医薬の研究者がアドバイスするといった具合だ。

さらに、日覺が執行役員制を導入せず、取締役の人数を削減しないのは、取締役は株主総会で選任され、株主に経営責任を課せられるという経営の本質を考え抜いたからである。現在、多くの日本企業が意思決定の迅速化を目的に取締役の数を減らすなか、東レは取締役数が25人とトップクラスだ。日覺が言う。

「最終意思決定の場にいる取締役は事業に携《たずさ》わり、現場を理解している人でなければならない。東レの取締役は全員現場に精通している。現場を知らない取締役が一般論と財務諸表だけを振りかざして下す意味のない決定をいくら早くしてもしょうがない」

人を基本とし、「企業は社会のモノである」という経営を追求する日覺流は、海外でも実践されている。例えば、日覺が工場立ち上げに携わった米国のフィルム生産子会社。工場が完成する時期にソニーなど取引先メーカーが一斉に撤退した。米国企業なら工場閉鎖するか、大幅な人員削減に踏み切るところだ。しかし、日覺は必死になって工業材料などフィルムの用途開拓を進める一方で、従業員のモチベーションを高めるため新資格制度も作る。その結果、現地生産会社は高収益会社に変わった。

企業の本質を追求した結果である。

すべての拠点を回り、社員にビジョンを伝える

胆力は経営トップの絶対条件だと考える。なぜか。継続するには昨日と同じではいけない。過去の成功体験を否定し、前任者を否定し、会社のあり方を否定する。変化するビジネスシーンにおいて、変わり続けない限り継続はできない。それはつまり、常識、慣習を覆し、イノベーションを継続して行うことに他ならない。それができる人材こそ経営者であり、その源は「胆力《たんりょく》」にある。では、胆力、言い換えれば「覚悟」の源泉は何か。「志」「使命感」であり、それこそが経営者に必要な、最大にして最重要の資質だ。

日覺昭廣も、胆力のある経営者だ。それは社長就任以来、一貫してイノベーションに挑《いど》み、「革新と攻めの経営」を追求し、持続的成長を達成していることに表れている。

エンジニアリング部門出身の日覺から受ける印象は、地味だ。TV出演は好まないし、自身に光が当たること自体も好んでいないように見える。しかし、反面、その内にある意志の強さは社長就任直後からの改革の断固たる実行を見れば明らかだ。

日覺は2010年、社長に就任すると社員の意識改革に着手した。工場、研究所、支店などすべての拠点で課長クラスとの懇談会を設け、自分の理念やビジョンを繰り返し語り続けた。訴えたのは基本的な考え「基本に忠実に、あるべき姿を目指して、やるべきことをやる」であり、それを実践するためのキーワードは①現場主義、②物事は本質原因を追究すること、③勝

つための目標、④「フォア・ザ・カンパニー」——などである。

それも、すべての拠点を自ら回り、さらに海外拠点についても自ら出かけ、幹部や社員に根気強く繰り返し自らのビジョンを直接伝え続けている。以来、現場回りは国内外とも毎年14〜15回に及ぶ。日覺の基本的考え方が、課長クラスにまで浸透しているのは、そのためだ。

その後も、日覺は次々と新事業を開拓する一方、グローバル生産体制を進展させている。2011年にはグリーンイノベーションを加速する総合技術開発拠点「E&Eセンター」を創設。2012年には日米仏韓の世界4拠点炭素繊維の生産能力の増強を決定。2014年にはサウジアラビアでの水処理膜製造合弁会社設立に調印。2016年には滋賀事業場で新規研究施設「未来創造研究センター」設立を決定。2017年にはバッテリーセパレータフィルム事業の拡大構想を発表するなど次々と決断を下している。

改革が実現したのは、社員が、言行を一致させている日覺の〝本気〟を信じているからだ。例えば「人を基本とする経営」の実行。日覺は人件費を、景気や業績が悪くなれば人を解雇して調整する変動費ではなく、固定費と考える。固定費にすると、業績を上げるには社員を教育して成果を高めるため、社員のモチベーションが高まり、業績はよくなるという好循環になる。世界中の全事業拠点で実行する。

胆力はにわかにつけられるものではない。若い時代からその有無が試され続けている。その点、日覺も過去、随所で胆力を見せている。例えば、岐阜工場工務課のときは、新設備を建設する際、現場の意見に耳を貸さない本社スタッフに対し、「現場の意見が正しい」と本社の決定を覆したことはすでに述べた通りだ。

また、2002年、エンジニアリング部門長の折は、工場建設のコストを抑《おさ》えるため、それまでの営業、技術、工務の各領域の主張を盛り込む手法から効率の最も高い工場を建設する。営業から大反発されたが、競争力のある設備を作るためだと説得し、コスト削減を実現した。さらに、2005年、水処理事業の改革を断行した際も、生産・営業手法ともにやり直しさせている。日覺は言う。

「私は入社以来ずっと、フォア・ザ・カンパニーを念頭に置いて判断してきました。全責任を持ったオーナーならどう判断するかという視点です。常に徹底的に調べ、分析し、一番よいと思うことをやってきただけです」

日覺の胆力は、「フォア・ザ・カンパニー」という使命感から生まれているのだ。

事業の領域を有機合成化学に絞り覚悟の大胆投資

企業にとっての至上課題は持続的な成長だ。そのために、企業は何をすべきなのか。それが今日の企業経営者に求められている最大の課題だ。重要なのは、中長期的な周期で成長を遂げているかどうか。持続的成長を遂げる風土になっているか。土壌が改良されているか。種まきが行われているかが問われる。今の時代は、ほとんどのトップが短期的視野で利益を上げることで頭がいっぱいだ。そのため、つい近視眼的な経営に陥《おちい》ってしまいがちだ。トップのミッションは、利益を上げ、株価を高め、企業価値を増大させることのみとされ、トップを評価する基準が収益一辺倒になっているからだ。必要なのは長期的視点だ。

その点、日覺昭廣は、長期的視点に基づいたゴーイングコンサーン（企業が将来にわたって事業を継続することを前提にする考え方）を実行する経営者だ。

それは、社長就任8ヶ月後の2011年2月に掲げた10年先の2020年近傍に売上高3兆円、営業利益3000億円を目標とする「長期経営ビジョン」をみれば頷ける。当時、売上高1兆5397億円、営業利益1001億円（2010年度）のときだ。その長期経営ビジョンを達成するため、3年間の中期経営課題策定、さらに1年間の短期課題の解決策に取り組むという「長・中・短」計画の経営を実行する。日覺は言う。

「素材を通じて社会に貢献するには長い時間をかけた研究・技術開発が必要です。大切なのは長期的視点に立って開発を強化すること。四半期決算の数字に一喜一憂する短期的視点ではない」

東レの長期的視点の経営は日覺が初めてではない。歴代社長が継承する東レのDNAだ。例えば、繊維事業。現在、ファーストリテイリングと、「ヒートテック」や「ウルトラライトダウン」などの大ヒット商品を共同開発しているのは周知の事実。東レが世界唯一の「総合繊維メーカー」となったのは「世界的に見れば、繊維は成長産業であり続ける」という故・前田勝之助（元社長）の長期的視点を継承した結果だ。

また、炭素繊維の研究開発も50年以上前から続けている。最初は、釣り竿、ゴルフシャフトなどスポーツ分野用途の開発から始め、２００６年には米ボーイング社と長期供給契約を結び、航空機分野に乗り出す。さらに、２０１４年にトヨタ、２０１６年にホンダがそれぞれ発表した燃料電池車向け炭素繊維材料を開発、自動車への活用本格化を目指す。

では、東レはいかに長期的視点経営を持続させているか。

日覺は覚悟を決めて、３つに取り組んでいる。

1つは、取り組む事業の領域を有機合成化学に絞り込んでいること。多角化という経営手法がもてはやされた時期や、財テクに走る企業が相次いだ時期も、東レはこの前提一筋に取り組んできた。

もう1つは、「身の丈に合った成長を図る経営」だ。素材産業は、研究開発のための長期投資が不可欠だ。10年以上先まで見越して、研究や開発を地道に進めていかなければならない。

しかし、事業リスクはある。そのため、日覺は自ら生み出したキャッシュフロー（現金収支）

の範囲の中で、身の丈に合った研究開発、長期投資を行っている。キャッシュフローの範囲内で研究開発、長期投資をしていれば、借金経営にはならない。日覺は身の丈に合った経営で、長期成功を睨《にら》んだ思い切った投資判断を行っている。

さらに、2014年には、固定費管理手法「日次管理」活動を導入している。利益目標に対して、日々フォローアップし、問題があれば即対策を打てるように、様々な業績指標を〝見える化〟し、全員で問題を共有する全社活動を行っている。通常の利益管理システムでは前月の結果が出るのは翌月の上旬。これでは経営判断するには遅すぎる。そこで、実績データを毎日集約して、見える化・共有化して全員が取り組むことにした。

日覺の長期視点経営は続く。

社会貢献の原点を追求

持続的成長を遂げている企業の経営者は必ず、強い使命感を持ち、それに支えられた情熱を持っている。使命感がなく、野心だけでトップになった人間は権力を握った瞬間から必ず堕落する。そんな経営者を私はたくさん見てきた。

では、使命感とは何か。それは「世のため、人のため」「顧客に尽くす」という思想からくる思いだ、と言える。

日覺昭廣は、「世のため、人のため」という創業以来の企業文化を継承するという使命感を持っている。日覺が「企業は社会のモノである」という経営理念を唱《とな》え、「人を基本とする経営」、素材産業として「長期視点での経営」を実行しているのは、使命感からである。

企業にとって、「世のため、人のため」の仕事とは、自社の製品やサービスを顧客に提供することを通じた社会への継続的な貢献である。そのためにはまず、必要な利益を取ることが絶対条件となる。従業員の生活の安定、株主への利益の還元、社会への貢献、先行投資の4つの企業の使命を全《まっと》うするためには、利益を上げることが不可欠だからだ。

その点、日覺は「企業とは利益を上げることを通じて長期にわたり社会に貢献することを目的とする組織」という企業観を持つ。利益は目的ではなく、手段として必要。「研究・技術開発が先、利益は後」、つまり、社会を変える革新素材を開発し、新しい市場を創出すれば、利益は自然とついてくると考えるのだ。

それだけに、日覺は将来を見越した長期的視点での研究開発、事業展開にこだわる。例えば、革新的新素材を創出するための「技術の極限追求」。合成繊維ではナノファイバーの開発を進め、またフィルムでは1枚のフィルムの中に2000層もの多層積層構造を作り込む技術を開発、さらに炭素繊維ではナノ（10億分の1）レベルの欠陥（キズ）を排除するまでに至っている。いずれも世界初の挑戦だ。

事業展開も、地球環境問題の解決に貢献するグリーンイノベーション事業では、ファーストリテイリングと「ヒートテック」などを共同開発、また炭素繊維は航空機に続いて、燃料電池車向けなど自動車用途への展開に取り組む。さらに、医療の質向上に貢献するライフイノベーション事業では、早期がん診断技術、カテーテル、人工腎臓、X線CT天板などの開発に注力する。

重要なのは、日覺が「企業は社会のために存在する」という〝日本的経営〟を実践している点だ。その象徴例の1つが、執行役員制を導入せず、取締役が執行役員を兼ねる日本型経営だ。東レの取締役は全員、現場を把握している人間ばかり。そのため、現場主義に根差した鋭角的な意思決定が行われている。

もう1つは、従業員を大切にする企業文化。日覺が「人を基本とする経営」を実践するのは「人こそが企業の未来を拓《ひら》く」との考えはもちろん、「社会への貢献のため」という東レのDNAを継承するためだ。日覺は、「高い倫理観と責任感を持って行動できる人材」「自助努力の精神を持つ人材」など人材育成の目的を掲げ、階層に応じたマネジメント・技術系・営業管理系共通研修などを整備する。一方、海外ではグローバルに活躍できる人材の育成に力を注《そそ》ぐ。

日覺は今でも、終身雇用原則の意義を主張する。終身雇用による運命共同体意識が社員の団結力になり、企業競争力を引き上げるとの信念がある。それは業績不振で撤退の瀬戸際《せとぎわ》に立たされていた東レのマレーシアの子会社が現地従業員の自助努力により再建された例をみれば明らかだ、と日覺は言う。

特筆すべきは、日覺の率いる東レは経営者と従業員が、「社会のために仕事をする」という共有化した価値観を持っていることだ。そして、その価値観こそが持続的発展の原動力になっているのである。

日覺の「社会貢献」の原点追求が続く。

10 松石禎己《まついしさだみ》　スターフライヤー社長

社員の自主性を尊重し、スターフライヤー〝らしさ〟を追求

大赤字の危機を社員の意識改革のチャンスと確信する

成功する企業の経営者に共通するのは、危機をチャンスに転化していることだ。単に危機を脱していることのみに留まらず、危機だからこそ新しいビジネスモデルを構築でき、危機のときに現在の成長企業となる基盤を構築しているのである。危機をチャンスに転化できた企業の中でも冷静さを失わずに自分で考え抜き、新しい方向性を考えるに当たって自分の持てるものの中で、何が使えるかを冷静に見つめている。

スターフライヤー社長の松石禎己も、危機をチャンスとして生かし続けている。

同社は２００２年に設立された、北九州市に本社を置く中堅航空会社。従業員数７５０人。保有機10機で、北九州―羽田、関西―羽田、福岡―羽田線など国内６路線を運航する。

松石は、九州大学工学部を卒業後、全日本空輸に入社、主に整備や運航部門を担当。その後、スカイネットアジア航空（現ソラシドエア）副社長、ANAエアロサプライシステム社長などを経て2014年6月、スターフライヤー社長に就任、赤字に陥《おちい》っていた同社をV字回復させた。

松石はどんな危機をチャンスに転化したのか――。松石が社長に就任した当時、同社は税引き後利益が約30億円の赤字（2014年3月期）に陥っており、筆頭株主のANA（17・99％出資）から2人が送り込まれ、「経営合理化計画」を策定していた。赤字の原因は事業拡大にあるとし、①路線再構築、②コスト構造改革、③営業体制の強化を計画の柱にしていた。

松石は、計画に納得、遂行すれば必ず黒字転換すると確信し、計画推進の旗振りを行った。不採算路線の運休、オペレーション体制の効率化、空港ハンドリング業務など外部委託契約の見直しによるコスト構造改革、自社カウンターの絞り込み……。その結果、わずか1年ほどで黒字転換を果たした。社員は皆、危機は脱したと安堵《あんど》した。

しかし、松石だけは違った。赤字の真因は、「うちは絶対に潰《つぶ》れない」と従業員が信じ込んでいたことにある。つまり、従業員の〝危機感の欠如〟にあり、〝ぬるま湯的体質〟にあると見抜いたのだ。危機は結果に過ぎない。その先駆けとなる会社の有する問題を社員がいかに早く顕在化させ、それを社員で共有するかが大事だ。だから、企業が常に存続の危機にあることを社内で顕在化させる企業風土が必要だと松石は考える。

その点、同社の社員は危機感を持つどころか、「自分の頭で考えようとしない」「上からの指示を待っている」など、企業不全病（大企業病）にかかっている。社員の意識改革なくして持続的成長はないと考えた。

ここで注目すべきは、松石が２０１３年危機を社員の意識改革を行う千載一遇《せんざいいちぐう》のチャンスと確信し、危機をチャンスに転化したことだ。松石は社長になると、従業員１人ひとりと対話をする「ダイレクトトーク」を始めた。従業員が何を考え、どんな課題や問題を抱えているかを知りたい、また従業員に自分の思いを伝えたいと考えたのだ。

松石禎己

特に、松石が強く訴えるのは、自分の頭で考え、責任を持って行動することの重要性だ。こんな例がある。初日の出を上空で見る「初日の出フライト」を実施する際、松石は総務にプロジェクトは希望者を募《つの》って進めるようにと指示した。１週間後、応募者数を聞くと「２人です」。「募集は何回出した」「１回です」。松石は「１回じゃ集まらないだろう。集まるまで出せよ。１回出して終わらせるのは仕事ではなく、作業だ」。本気で集める姿勢に変わったとき、20名が手を挙げた。

こうして従業員が自らの頭で考えたプロジェクトがお客様を無料で招待する「初日の出フライト」や、従業員たちが北九州空港で実施した「靴磨《くつみが》き」、抹茶を無料提供する「スターフライヤー茶屋」などだ。松石の言う「自分の頭で考えて行動する〝考動〟」を実践した成果である。

松石は今、まさに2013年の危機を社員の意識改革のチャンスに転化しつつある。

社員が提案するイベントを施行

成功する経営者に共通するのは、成功するまであきらめない人だ。成功するにはまず、「自分は必ず成功するんだ」という成功への揺るがぬ確信を持たねばならない。挑戦を続ける際、挫折や失敗はつきもの。しかし、立ちふさがる障害が何であろうと、成功するまであきらめない。挫《くじ》けないで、やり続けることができるかどうか。これが成功と失敗の分かれ目となる。

松石禎己も、「私の使命は人材育成」と宣言し、自分の頭で考え、自分の責任で行動する〝人づくり〟という目標達成への執念にこだわり続ける。

スターフライヤーは、社員数750名、国内6路線を運航、北九州空港を拠点とする新興エアライン。

そんな同社が熾烈《しれつ》な競争を繰り広げる航空業界で生き残るためには、筋肉質な経営体質の企業へ変革しなければならない。すなわち、お客に選ばれる航空会社になることだ。同社がターゲットとする30代～40代のビジネス客から高い評価を得られれば、生き残ることができる。松石は、「量では大手にはかなわない。質で勝負する。そのために差別化を図っていく」と言う。考えて行動する〝人づくり〟は生き残りの不可欠条件と考える。

設立時には、運航乗務員、整備士など専門技術を必要とするスタッフは数多くいた。しかし、部門横断的に回せる管理職は育てておらず、大手航空会社出身のスタッフに任せっきりの状況だった。松石が言う。

「人材育成の基本は、仕事を通して育てるOJTです。ANAからの出向者には『お前たちが動くんじゃない。お前たちは仕事を教えるんだ』と言っています。ノウハウや知識で会社を強くしても、それが後輩に受け継がれなければ持続的な成長は望めませんからね」

「自分の頭で考えて行動をしなさい」と松石は訴え続ける。そんな松石の意思が浸透し始めているのは、社員が提案、実行するイベントが増えていることからも頷《うなず》ける。

例えば――。2016年3月、就航10周年披露パーティー、同年10月、格納庫を使ったハロウィンパーティー、2017年3月、東京・代官山で開催した生ライブや黒ビール、黒いフィンガーフードなど、黒い航空機のスターフライヤーならではのイベント「Black FAN PARTY」

等々……。

「社長就任1年目の時は、プロジェクトに入っても何もできないとメソメソしていたやつが、2年目になると、自分で企画書を作れるようになって『松石さん、今度こうします』と言ってくる。ところが、3年目になって何も言ってこないから、『どうなった?』と言うと、『ちゃんとやっています。心配せんでください』と怒られているんです」

まさに、あきらめずに追求してきた成果と言える。

松石の「あきらめない」という想いの原点は、再建に関わったスカイネットアジア航空（現ソラシドエア）での経験にある。

再生の柱と位置付けた長崎―羽田線の就航までの苦難が今でも脳裏に焼き付いている。同社では運航管理などを担当。就航日は2005年8月1日。就航まで1ヶ月半を切っても、納入時期について報告が上がってこない。部下に聞いても「大丈夫ですよ」。他人事のような口調に嫌な予感がした。調べさせると案の定、ロゴマークの塗装さえ、手付かずな状態だった。最低でも7月29日には日本で国の認定を受けなければならない。社員はあきらめを口にし始めた。

しかし、松石は、渋る部下を現地に向かわせ、機体整備やパイロット手配などに当たらせた。追い打ちをかけるようにロシア経由での移送中に不具合も見つかった。それでも、松石はあえて、「8月1日朝まであきらめない」と宣言した。その執念に押されて現場が一丸となった結果、機体は7月29日夕、長崎で就航記念パーティーが始まった後に無事に到着した。

松石は、今、〝人づくり〟に執念を燃やし続ける。

9年連続顧客満足度№1を獲得

会社の主役はトップではない。常に社員でなければならない。社員が主役になることで〝社員力〟が発揮され、会社は動く。

社員は、会社の命令や指示では動かない。たとえ動いても、「やらされ感」があるため、自発的な動きではない。社員のモチベーションが高まるのは、社員が納得したときだけだ。社員が自分の頭で考え、自分の責任で行動する。そんな企業風土を作れば目標を成し遂《と》げたときの達成感は深い感動に変わる。その結果、会社へのロイヤルティが高まり、一層やる気が出てくる。

松石禎己は、スターフライヤーの企業風土を〝社員主役〟の風土へと変革させようとしている。それが奏功《そうこう》しつつあるのは国内航空業種で9年連続顧客満足度№1（「日本生産性本部」調査）を獲得、また、増益更新を続けていることからもうかがえる。

社員主役のキーワードは「感動」。まず、社員が提供するサービスに顧客が感動する。その顧客の姿を見て、社員は達成感を得、感動し、モチベーションを高める。つまり、よいサービス⇩顧客が感動⇩社員が感動⇩社員のモチベーションが向上、という正のスパイラルが繰り返される。それが松石の言う社員主役の企業風土づくりである。

そんな企業風土を松石は、どうやって育もうとしているか。社員が常識に囚《とら》われず、自分で考えた新しいアイデアを責任を持って実行させる、という手法を採る。

特筆すべき例としては、社員による無料「靴磨き」、無償「初日の出フライト」がある。業界初のイベントに挑戦させ、目標を達成することで感動を覚えさせるという試みだ。

無料靴磨きは、松石自身が発案したものである。東京へ出かけたときはいつも、羽田空港で靴を磨いてもらうが、スターフライヤーの便が到着する早朝は、店がまだ開いていない。

「北九州のお客様がこれから東京で仕事をしようというときに、従業員が靴磨きをして差し上げて、きれいな靴で仕事に向かってもらおうと思ったのです」と松石は言う。

松石は、その思いを営業本部長に伝えた。直ちにプロジェクトが結成され、メンバーたちは靴クリームメーカーのコロンブス本社を訪れ、靴磨きの方法を教えてほしいと交渉した。コロンブスは快諾。２０１５年４月、早朝の北九州空港の搭乗ゲート付近で、松石を筆頭に、黒いエプロンを身に着けた従業員たちがビジネス客の革靴を磨いた。参加した従業員はＣＡ、整備士、地上係員、営業担当など60名。

お客の喜ぶ表情を見て、従業員は感動した。特に、ふだんお客と接する機会のない整備士や、管理部門の従業員たちはお客と触れ合う貴重な機会となった。

もう1つ、松石が業界の常識を覆《くつがえ》して実施しているのが、無償「初日の出フライト」。企業から協賛を募って実現させたもので、２０１８年で4回目となる。

発想の原点は、「他社と同じ企画ではお客様に感動を与えられない」だ。そこで松石は２０１４年、「無償招待」、「プロジェクトメンバーは社内応募」の条件を付け、社員に業界初の「初日の出フライト」に挑戦させた。基本コンセプトは「ありがとうをカタチに」と決めた。問題はコンセプトをどう具現化するかだった。最終的に、お客に「誰にどんな感謝を伝えたいか」を応募してもらった。

当日、朝6時過ぎ――。機内では、まずお客に対して感謝が伝えられ、さらにお客が誰かに伝えたい「ありがとう」がスライドショーで伝えられた。妻から夫へ、夫から妻へ、子どもから母へ……さまざまな「ありがとう」が機内に感謝と愛情を満たしていった。後日、多くのお客から「感動しました」と感謝の言葉が届けられた。

全社員が感動の渦《うず》に巻き込まれたのは言うまでもない。

不採算路線を整理　利益体質へと転換

経営者の責任とは、何よりもまず、自分たちの企業の未来を信じ、社員1人ひとりに会社のビジョンや自分の想いを伝え、全員がそれを共有できるようにすることであると考える。

では、経営者が自分の理念やビジョンを社内に徹底するための条件は何か。1つは自分の言葉で何度も愚直に、繰り返し語り続けること。もう1つは言行を一致させること。この2つを実行して初めて経営者の本気が社員に伝わり、社員の心が動く。

その点、松石禎己はどうか。社長就任以来、自分の言葉で理念や方向性を語るだけでなく、自分で示した理念とビジョンと実際の会社運営を一致させてきた。決して形骸化《けいがいか》させず、語った通りの会社運営を実行している。

松石経営の特筆すべき点は、まさにこの「言行一致」の断固たる実行にある。松石は、「持続的に成長する企業」「お客様のためだけを考えろ」「安全運航は絶対的なもの」「人材育成の必要性」などのビジョン、方向性を打ち出し、想いを訴え、その宣言通り実行している。

例えば、持続的成長の実現――。

松石は「拡大主義」から「収益重視主義」へ転換し、不採算路線をなくしていくことを決意した。以前は、路線を増やし、売り上げを上げれば、その結果利益が後からついてくるという考え方が強かった。そこを、まず利益から入ることにした。利益を出すために、強い事業（＝

路線）を作ろう。強い事業にするために、強いサービスを作ろう。そのためにはハード、ソフトの両面でイノベーションを行い、〝オンリーワン〟になろう、というように、逆の発想を植え付けたのだ。

だから、不採算路線については、売り上げを減らしてでも利益体質にすべきとの強い意志を持って、北九州―釜山線、福岡―関西線からの撤退を実行し、不採算路線を整理した。その一方で、福岡―中部線、山口宇部―羽田線を新規に就航させる。つまり、弱いところを切り、強みのあるところに集中して力を注《そそ》ぐことにした。その結果、同社の営業利益は、２０１４年度の約2億円から、２０１６年度には約31億円と増益になり、利益体質の企業に変貌しつつある。

「当社は、拡大主義から保有航空機を増やし、『航空機があるから飛ばさなきゃいけない』と考え、路線や便数をむやみに増やしてしまった。しかし、採算が取れる路線や便でなければ飛ばせば飛ばすほど赤字になる。航空機は、航空機があるから飛ばすのではなく、お客様がいるから飛ばすのです」

もう1つ、松石が言行を一致させているのは「安全は何よりも優先すべき絶対的なもの」。松石は、コスト削減の中でも、安全に関するものは削らない。整備部門は、もしマニュアルに掲載されていない問題点が見つかった場合には、自分の経験や勘で判断せずに、必ず航空機メーカーに問い合わせするように徹底している。「ＯＫ」の返答がない限り、航空機を運航しない。つまり、欠航させるのだ。

さらに、「強みの再生産」も、言行一致を実行している。スターフライヤーは創業当時、個性がはっきりしていた。世界初の黒塗りの機体。革張りのシート。ゆったりした座席間隔。あらゆるものを黒と白とシルバーで統一し、スタイリッシュで豪華な雰囲気を醸《かも》し出す。運賃はLCC（格安航空会社）よりも高いが、大手よりは安いという立ち位置……。しかし、そうした強みは拡大路線の中で失われていった。

そこで松石は「スターフライヤー〝らしさ〟の追求」を訴え、その追求を従業員1人ひとりの自主性に任せるやり方を採る。その結果、無償「初日の出フライト」、抹茶を無料提供する「スターフライヤー茶屋」など、各部門で〝らしさ〟を追求している。

松石は、社員との対話の最後には必ず、「好きなようにやりなさい」と社員の背中を押す。

そんな社員の心を動かす松石経営がどこまで同社を成長させるか、目が離せない。

11 岸上克彦《きしがみかつひこ》 アサヒ飲料社長

アサヒとカルピスの異文化融合でブランドイメージを再生

資本関係変化の荒波をブランド磨くチャンスに

成功者に共通するのはあきらめない人、挫《くじ》けない人だ。「自分は必ず成功するんだ」という成功への揺るがぬ信念を持っている人。挑戦を続ける際、挫折や失敗はつきものだ。しかし、あきらめないことが大事。立ちふさがる障害が何であろうと、成功するまであきらめない。挫けないでやり続けることができるかどうか、これが成功と失敗の分かれ目となる。

その点、アサヒ飲料社長の岸上克彦はどうか。同社は飲料業界3位。岸上は、2015年社長就任以来、「ブランドを磨《みが》いて、ブランドで挑《いど》む」というスローガンを掲《かか》げ、1、2位を追撃すべく筋力の強い会社づくりに精力を注《そそ》いでいる。

岸上は1976年、立教大学経済学部卒業後、カルピス食品工業（現カルピス）に入社。カルピスでは主に営業畑を歩んできた。岸上の特徴は、今日までカルピスの発展に心血《しんけつ》を注ぎ続けてきた〝カルピス一途〟の人だということだ。

カルピスは過去3度、資本関係の大きな変化の波に飲み込まれている。1990年、味の素の資本が入り、2007年に味の素100％出資の子会社になる。さらに、2012年にはアサヒグループホールディングスに買収されるといった具合だ。

岸上はそんな資本関係の変化の波に翻弄《ほんろう》されながら少しの悲観も反抗もせず、むしろそれを肥《こ》やしにして、カルピスの持続的成長を具現化すべくビジネス感覚を養ってきた。

まず、資本関係の変化の第一波は、味の素の資本が入った1990年。社内に激震が走った。岸上が千葉営業所副課長のときだ。岸上が振り返る。

「カルピスは、業績は伸び悩んでいましたが、世の中からは老舗《しにせ》といわれ、カルピスブランドはお客様から信頼されていました。そこへ、味の素の資本が入り、『経営のすべてが味の素流に変わる』と聞かされたときの衝撃は大きかったです」

当時、岸上も悔しさで我慢のならない気持ちになり、毎晩、若い者を引き連れて、やけ酒を飲んだ。しかし、数ヶ月後、岸上はストレート飲料事業部へ異動すると、再び、〝カルピスマン〟としての矜持《きょうじ》を持って仕事へ突っ走っていく。

翌1991年、カルピスは、「カルピスウォーター」を開発。岸上はそのマーケティング担当マネージャーに就いた。それまで原液を水で薄めて飲むコンク一本槍にこだわってきたカルピスにとって「カルピスウォーター」は画期的な商品だった。「外で手軽に飲めるようにするというコンセプトです。コーヒーやお茶など家庭での飲み物が外で飲まれるようになったという、時代の変化を捉《とら》えた商品でした」と岸上は言う。

岸上は、全国でサンプリングを実施、TV広告を打って大々的に宣伝する一方、スーパーマーケット、コンビニ、自販機など新しい販売チャネルを開拓、拡販に向けて全力投球した。カルピスウォーターは初年度1000万ケース、2年目で2000万ケース売れる大ヒット商品となった。

岸上克彦

第二波は、カルピスが味の素の全額出資子会社化された2007年。岸上は執行役員、ストレート飲料事業部長だった。

社内から自主独立性の維持に危惧《きぐ》する声が上がった。しかし、岸上は「国際的事業を展開する味の素からグローバル視点を学ぶことができる。カルピス飛躍のチャンスだ」と社内に訴えた。

資本関係の変化の第三波は、カルピスが味の素グループからアサヒグループへ移った2012年。アサヒは競争相手であっただけに、社員は動揺した。

常務執行役員の岸上は、〝90年ショック〟の経験を思い起こし、社員の動揺を抑《おさ》えることに腐心《ふしん》した。まず、社員に情報を開示する。次に、社員とカルピスブランドの保全に対しては役員全員が向き合っていることを丁寧に説明する。さらに、カルピスの社長が肉声で自分の想いを伝えることを実行させた。そして、役員全員が支店、工場を回り、**「アサヒグループに入ることは自分たちの仕事をするステージが大きくなることだ」**と伝え、社員を前へ前へと進ませることに心を砕《くだ》いた。

顧客にブランドの〝氏素性〟を訴える

私は、成功者に共通するのは「自分は運がいい」と思える人だと考えている。人は同じような体験、経験をしたときでも、その受け止め方は千差万別。そこでいつも「ああ、俺はなんて運がいいんだ」と思える人、特に失敗や挫折をして、なお「幸運だ」「得難い経験だ」と捉《とら》えられる人が運を呼び、成功している。

カルピス出身で、アサヒ飲料社長に上り詰めた岸上克彦も、そんな「幸運思考」の持ち主だ。相性の悪い上司についたり、嫌いな同僚と一緒に仕事をする機会があっても、「自分自身を鍛《きた》えるいいチャンスだ」と考えた。また、カルピスが味の素の傘下に入ったときは、「大企業文化を学べる機会だ」、さらに、味の素の100%出資子会社化されると、「事業を世界展開する好機だ」と考えた。そしてアサヒグループホールディングスに買収されたときは、「成長の始まり」と考えた。

2016年1月、カルピスがアサヒ飲料と合併し、社長に就任すると、岸上は、「アサヒ飲料の前へ進む風土をカルピスの深堀する文化と融合させてシナジー効果を出したい」と抱負を語った。

岸上は現在、スローガン「ブランドを磨き、ブランドで挑む」を掲げ、全社挙げて〝ブランドの付加価値化〟に取り組んでいる。その本気度の強さは、2016年、ブランド・商品について営業、生産、研究、マーケティングなど関連部門全体で討議する「マーケティング会議」を設置、さらに2017年、アサヒブランドの知識に精通する社員にブランドマスターの称号を与える「ブランドマスター制度」を新設したことからも頷《うなず》ける。

ブランドの付加価値とは、「三ツ矢」「アサヒ十六茶」「カルピス」など各ブランドの基本的価値を見直し、顧客にブランドの〝氏素性《うじすじょう》〟を訴えていくこと。そのキーワードは「健康感」。それも天然、カフェインゼロ、ノンカロリーなどボトムの健康感から、特定保健用食品(トクホ)、機能性表示食品に至るまで幅広い健康感だ。アサヒブランドは安全、安心、元気が出るというイメージを浸透させる。岸上が言う。

「『健康によい』と大々的に訴えるのではなく、『元気が出る』『楽しくなる』と伝えています。例えば、カルピスウォーターのパッケージには『乳酸菌の力』と記し、乳酸菌だから健康によいという訴え方ではなく、『清涼感があり、氏素性は乳酸菌』と訴えています」

そうした岸上の発想の原点は、過去、カルピスブランドの力を見誤ったことにある。

岸上がブランドと最初に向き合ったのは、大ヒット商品「カルピスウォーター」の初代マーケティング担当に就いたときだ。このとき初めてブランドの重要さを認識した。「カルピスウォーター」の販売は予想を大きく上回り、生産計画の上方修正を余儀なくされた。岸上は販売計画を過少に見積もっていた。カルピスブランドへの消費者の期待を理解できていなかったのである。

その後、岸上はコンク飲料事業部長として、意気揚々《いきようよう》と新たに小サイズの「カルピス」を投入した。カルピスブランドは消費者から支持されている。必ずニーズはある。ところが、目論見《もくろみ》ははずれ、目標の半分しか売れなかった。

原因はカルピスのブランド価値の過大評価にあった。ブランド価値をメーカーと消費者で共有しなければ、真にブランド力が高まらないことを心に刻《きざ》んだ。このとき、岸上は「得難い経験をした俺は運がいい」と考えた。

その後、岸上は志を同じくする社員を集めて、「ブランドを考えるワークチーム」を発足、カルピスブランドについて消費者に聞いて回った。ある折、あるチーム員が顧客に「カルピスは牛乳から乳酸菌を発酵させて作ります」。すると、「えっ、牛乳からできているの？」。この信じられない反応は、いかにブランドの氏素性を消費者に伝えていなかったかの証左だった。ブランドの価値を消費者に伝える──。痛恨の体験から学んだ考え方だった。

カルピスブランドの拡大に心血を注ぐ

繰り返し言うように、会社の主役はトップではない。企業を変え、成長させる複数の「No.2」だ。「No.2」には、トップの補佐役・参謀役としての「参謀機能」と、トップの意思を社員に伝え、社員の思いをトップに伝え、社員のモチベーションを高めるべく〝舞台づくり〟を行う「世話役機能」の2つの機能がある。成長を遂げる企業には必ずNo.2が存在する。

岸上克彦は、小林公生、武藤高義、石渡總平、山田藤男のカルピス社長4代にわたり20年間、No.2として活躍、カルピスの経営改革及び企業風土の変革に貢献している。カルピスの先々代社長以前は舞台づくりを黒子《くろこ》となって行う世話役を、以降は参謀役・補佐役をそれぞれ務めている。

岸上は1976年、カルピスに入社。主に営業畑を歩んできた。時代が生んだ〝モーレツ社員″を地でいくような仕事ぶりで、随所で与えられた目標や課題に全力投球で取り組み、クリアしている。

入社十数年後、千葉営業所副課長時代にはすでに営業所長を支える№2になっていた。業績面だけでなく、社員のモチベーションを上げる環境づくりに腐心《ふしん》している。そのエピソードの1つが、1990年、カルピスに味の素の資本が入ったと聞かされた折、動揺した後輩たちを連日、飲み屋へ誘い、「味の素の連中に″カルピス魂″を見せてやろう」と鼓舞《こぶ》したことだ。

№2として頭角を現したのは、1991年、大ヒット商品となった「カルピスウォーター」の初代マーケティング担当マネージャーになったときだ。岸上は、スーパーマーケット、コンビニエンスストアの販売網を新たに構築するなど拡販に向けて心血を注ぐ。また、精力的にサンプリングを実施し、「カルピスがそのまま飲める」と大々的に宣伝。岸上は″カルピスブランド″の拡大を具現化させた味の素流を学ぶべきだと訴え、マーケティング変革の旗振り役となった。

1993年、岸上は千葉営業所長になり、同社売上№1の営業所にする。カルピスブランドを取り扱うコンビニ、スーパー、飲料店の取扱店率を大幅に高めた成果だった。

さらに、1997年、東京支店次長・副部長時代、薬系問屋ルートを開拓し、カルピス始まって以来初めてのチェーンドラッグストア販売を実現させる。当時発売した特定保健用食品

（トクホ）「カルピス乳酸／アミールＳ」が大ヒットした理由である。

岸上がNo.２シップをいかんなく発揮したのは、２００７年、カルピスが味の素の１００％出資の子会社になったときだ。味の素から役員が４～５人、社員も１００人が出向してきた。社内にはカルピスの自主独立性が維持できるかどうかを危惧する声が上がったが、執行役員・ストレート飲料事業部長の岸上は、味の素は国際的規模で事業を展開している。また、売上利益管理を徹底する一方、自由にものが言える風土がある。味の素から学び、カルピス発展の機会にしなければならないと訴えた。

見逃せないのは、２０１２年、カルピスが味の素からアサヒグループに移ったときのことだ。社内は大きく動揺。岸上は取締役常務執行役員として社長の山田を補佐した。まず正確な情報を社員に開示することに心を砕いた。特に社員の身分保全は確約すると繰り返し説明した。

注目すべきは、岸上が社長に肉声で自分の思いや進行状況を社員に伝えて欲しいと意見具申し、実行してもらったことだ。また、役員たちにも、分担して支店や工場を回り、「今までできなかったことができるようになる」と伝道するよう提言した。その後も、岸上は社長の参謀として言うべき意見を表明し、伝えるべき情報を伝え続けた。

岸上にとって、今後最大の課題は、いかに複数のNo.２を育てることができるかだ。

統合をプラスアルファに繋げることを確信する

経営統合を成功させることは容易ではない。企業には独自の創業理念、歴史、風土がある。つまり、企業アイデンティティーがあるからだ。経営統合を前進させるには、お互いに自分のアイデンティティーを守り、相手のアイデンティティーを尊重しなければならない。成功事例を見ると、トップが、お互いのアイデンティティーを大切にしながら、どうやって統合の成果を出していくか。また、どうすればお互いの壁を壊し、お互いの間に橋を架《か》けることができるかに腐心している。

では、2016年1月、カルピスと経営統合したアサヒ飲料はどうか。統合後の経営が軌道に乗っていることは、2年連続増収増益の成果をみれば頷ける。

注目すべきは、岸上自らが率先垂範《そっせんすいはん》して、全国9支社、8工場、研究所を年合計六十数回も回り、一方、本社でも支社長会議、生産・調達物流・事業場長会議など年十数回ミーティングを続けるといった具合に社員との対話に心血を注いでいることだ。目的は、①自分の理念、方向性を組織に浸透させる、②現場の実態を体感する、③現場がいかに課題を顕在化させ、克服すべく解決策を施しているかを確認することにある。特に岸上が重視するのは②と③。つまり、自分の想いがどこまで社内に浸透しているかを測るバロメーターになっているからだ。

そうした対話を通して、岸上は統合の進捗状況と成果を確認する。双方のアイデンティティーが尊重されているか。お互いの間に橋を架けることができているかに気を配っているのだ。カルピスがアサヒグループ入りした２０１２年当時、売上高、営業利益、従業員数はカルピスが１０７４億円、57億円、８４０人、アサヒ飲料が３１０９億円、１３４億円、１２００人。そんな両社がどうやって〝融合〟したのか。

岸上はカルピスの「№２」として、最初から時間をかけ、部門ごとに統合する手法をアサヒに提案するなど統合を主導してきた。２０１３年に、まずカルピスの営業部隊３００人を、２０１５年にはマーケティング部隊14名をアサヒ飲料に出向。そして２０１６年、生産、研究開発、管理部門約６００人をアサヒ飲料に転籍させ、完全経営統合を行っている。３年間、地ならしし、環境を整えたうえでの統合だった。

「アサヒは横へ広がる企業文化を持つのに対して、カルピスは深堀する文化です。アイデンティティーの異なる両社があらゆる分野でシナジー効果を生み出していくことこそが経営統合の肝《きも》です」

特筆すべきは、岸上が、経営統合の強みが〝シナジー効果の追求〟にあることを、カルピスに味の素の資本が入ってからの経験から学んでいたことだ。異文化を持つ味の素との交流により、多様な文化を受け入れ、シナジー効果を追求することの重要性を体得している。「カルピスウォーター」「カルピス乳酸／アミールＳ」などの大ヒットや海外事業展開はその象徴的な例だ。

岸上は、カルピス出身社員がカルピスを誇りとし、アサヒ飲料の社員がアサヒ飲料を誇りとしている状況が構築できれば、両社が各アイデンティティーを維持できた証左となり、統合をプラスアルファに繋《つな》げることができると確信する。同時に、統合への評価は成果によってのみ判断されると覚悟している。

「優《すぐ》れたブランドを出すことができたか、収益力は高まったか、従業員が自由な発想を持ち、新しいことに挑戦しているか、ということです」

岸上の、「ワン・アサヒ飲料」の業界トップグループ入りへの挑戦が注目される。

「成果」と「透明性」で社員からの信頼を得る

経営者の重要な役割の1つは、社員のモチベーションを高めることだ。企業改革の原動力となるのは、社員の高いモチベーションであり、現状を変えようとする熱意、成長への情熱だ。社員のやる気を引き出し、仕事に対するやりがいを感じてもらえさえすれば、どんな難題に直面しても克服できる。事業を革新しなければならないときにも、時機を逃さず変革できる。それだけに経営者が常に社員のモチベーションを高めることを念頭に置いて経営を行うことは極めて大事なことだ。

岸上克彦は2015年3月社長就任以来、連続増収増益を続けており、業績を向上させている。また、国内飲料市場のシェアを高め、カテゴリー別ブランドでは乳性飲料「カルピス」、透明炭酸飲料「三ツ矢」、炭酸水「ウィルキンソン」がトップに、また混合茶では「十六茶」が2位になっている。

岸上の掲げるビジョン「トップブランドを目指す」の実現に、全社一丸となって取り組む「ブランド付加価値化作戦」が成果を上げつつある証左だ。

では、岸上はどうやって社員のモチベーションを高めているか。注目すべきは、トップの岸上自身が経営者としてのモチベーションを高め、使命感に燃えていることだ。2015年1月、当時アサヒグループホールディングス社長の泉谷直木に「社長をお願いする」といわれたときの感激は決して忘れない。使命感が芽生えた瞬間だった。

岸上は過去、資本関係の変化に翻弄《ほんろう》されたカルピス社員の悲哀を体験している。自分自身は「幸運思考」で変化を乗り切ってきたが、常に「なぜ、カルピスは自力再生しないのか」という問題が頭から離れなかった。競争力を強化するには消費者に支持される商品を開発しなければならない。そのためには開発投資が必要。つまり、恒常的に利益を上げることが不可欠だ。結局、「利益体質＝筋肉質の企業へ変革するしかない」という結論に行き着く。それが社長としての究極の使命だと覚悟した。

次に、岸上は、社員に信頼されることに心を砕いた。信頼とは「成果」と「透明性」の2つの柱で成り立つ。特に透明性は大事。岸上は当初から理念、ビジョン、方向性、課題、業績などすべての情報を社員に伝えることに腐心した。例えば、企業コンセプト「『安全、安心でおいしいモノづくり』を通じて『元気、楽しさ、健康』という点で消費者の役に立つ会社」を社内に徹底するために、自ら支社、工場、研究所など事業現場を頻繁に回り、理念、ビジョン、想いを語る「伝道」を行っている。

重要なのは、岸上は自分の言葉で語った理念や方向性通りの会社運営を実行していることだ。言行一致だ。これにより社員は経営者の「本気」を信じ、経営者との信頼関係が構築され、士気が高まる。

例えば、ブランドイメージの再生。アサヒ飲料の強みは、アサヒとカルピスの異文化が融合、シナジー効果を発揮することができる点にある。そのエキスパティ（特殊性）を前面に打ち出し、「元気、楽しさ、健康を提供」というメッセージを発信、さらに各ブランドの〝氏素性〟を消費者に訴える活動も実施する。

実際にシナジー効果を発揮した画期的な新商品を開発している。アサヒの「おいしい水」とカルピスの乳酸菌を合わせた「アサヒおいしい水プラス『カルピス』の乳酸菌」がそれだ。

そうした結果、同社の売上収益、事業利益は2015年の4572億円、241億円から、

２０１７年12月期には４８６２億円、３７０億円と拡大。体質改善が進む。

「成果が上がると社員のモチベーションは高まります。社員は1年目、2年目と成果の数字を確認するたびに、自信をつけています。うちの社員は今、成果が出ることの楽しさを実感してくれていると思います」

岸上の、「社員のモチベーション向上」による〝利益体質化〟への挑戦が続く。

12

大久保真一《おおくぼしんいち》　ダイオーズ社長

米国OCS会社20社を買収し、米国へ逆進出

OCSで「日本一」から「全米一」へ

私は拙著『「使命感」が人を動かす』（集英社インターナショナル）で、成功する事業家の多くは、「夢」を持ち続けていると書いた。夢に終わりがない。そして夢を実現するためには不屈の精神を持ってやり遂《と》げるほかない。もし、手掛けている商売をどんなに追求しても、「日本一」「世界一」になるメドが立たないと思うならば、商売を替える。替えた商売で再び日本一、世界一を目指す。それもまた夢の追い方だ。

オフィスコーヒーサービス（OCS）のパイオニア、ダイオーズ創業者の大久保真一もその1人。同社はOCSをはじめ、水、給茶機、クリーンケア商品のレンタルなど事業所向けサービス事業を行う。大久保は「オフィスにコーヒーサービスを持ち込んだ男」として知られる。

大久保流の特徴は、「『夢』の実現への追求」にある。例えば、家業の米店を「日本一」にしようと奮闘する。そして、その後始めた新規事業のＯＣＳで「日本一」を目指し、現在では、「全米一」という夢の実現に向けて全精力を注《そそ》いでいる。

では、大久保の〝夢追い人生〟の転機は――。最初は中３のときに訪れた。大久保は１９４１年、東京・浅草《あさくさ》に生まれる。家業は米屋。父に「中学卒業後は大阪の米問屋へ奉公に出て家業を継げ」といわれて育った。それに待ったをかけたのは母だった。「せめて高校ぐらいは」と父を説得し、都立の商業高校ならという条件で受験を了解させた。大久保は合格し、都立の商業高校に進学する。これが大久保の進路を大きく変える転機となる。

大久保真一

第２の転機は、高３のとき。当時、高校では、林間・臨海学校を開く際、宿泊先の旅館から教頭へ物品が贈られていたことが発覚。生徒会長の大久保は、臨時生徒総会で教頭を吊《つる》し上げた。その後、大久保は逆に、教頭に叱責された。「わが校は毎年一流の会社に生徒を送り込んでいる。お前のような反逆的な生徒がいると生徒を送れなくなる」。大久保は、その教頭の言葉に発奮し、三越の入社試験に合格。

自信を深めた大久保は、今度は選択科目の中に自分の得意とする簿記が入っていた中央大学経済学部を受験、合格した。

第3の転機は欧米研修旅行だった。大学卒業後、広告会社に入社して2年目のこと。その頃、小売業にボランタリーチェーン（独立小売店が共同して営業活動を行うチェーン組織）を啓蒙《けいもう》していた通産省（現・経済産業省）は海外チェーン店の経営者を欧米から招いてセミナーを開いていた。大久保は毎回出席し、外国人経営者に「研修の機会を与えてくれないか」と直談判《じかだんぱん》した。後日、「ＯＫ」の返事が次々と届いた。

１９６７年、大久保は欧米へ渡航。米国ではまず、南カリフォルニアのスーパーマーケットで６ヶ月間働き、その後、ダラスのコンビニエンスストアで働く。宿泊はすべてホームステイ。米国での９ヶ月の研修生活を終えると、欧州へ赴《おもむ》き、英国、ドイツ、東欧の小売店で働く。この2年間の欧米体験で「米国で事業する」という「夢」を抱くのだ。

帰国後、大久保は米店のボランタリーチェーン構想を打ち出し、米店全国組織「全国食糧事業協同組合連合会」に、台所と直結した配達機能を売り出す〝配達スーパー〟構想を提案。米店10店単位で商品を一括して仕入れる。商品は清涼飲料、みそ、洗剤など重いモノ、かさばるモノに絞り、月2回配達する。そして価格はスーパーに準ずるというものだった。今日のダイオーズの原型である。

その後、スーパーにないユニークな商品を求め、研究した結果、ダスキン本社とフランチャイジー（契約店）契約を結ぶ。5年後、２０００社の契約店の中で売り上げ1位になる。

次の「夢」は自らがフランチャイザーになり、独自の事業で日本一になることだ。ふと脳裏に浮かんだのはカリフォルニアのスーパーで働いたときに見たＯＣＳ事業だった。１９７７年、本格的事業を開始し、１９８８年、本場の米国に逆進出する。「全米一」という新たな「夢」の実現の追求が始まった。

「オフィス向け継続反復販売」に特化

成長する企業の経営者に共通するのは、自社の経営コンセプトを明快に説明できることだ。そして、そのコンセプトが、自社が取り組むべきか否《いな》かを判断するうえで有効に機能している。

その点、大久保真一は、ダイオーズのコンセプトは、「オフィス向け継続反復販売」と明快だ。われわれの事業は売って終わりのワンウェイ事業ではない。従業員が直接、顧客を訪問してニーズを吸い上げ、それに応える商品・サービスを継続して提供する、「ツーウェイ」の事業であるという。

ダイオーズは現在、ＯＣＳ、水、給茶機、クリーンケア商品のレンタル、清掃サービスなど事業所向けのサービス事業を直営とフランチャイズ（加盟店）合わせて２５２店舗で展開している。

では、大久保のコンセプトはどうやって培《つちか》われたか――。

まず、ツーウェイの継続サービス。発想の原点は顧客に注文を聞いて商品を配達する米屋の「御用聞き」と「配達」にある。

大久保は少年時代から家業の米屋を手伝っていた。「商売は頭じゃない。心と体でするものだ」。そう言って父は大久保に1日に何度も、配達と注文取りに行かせた。客は商品を配達すると喜んでくれる。大久保は幼心にも嬉しく感じたことを覚えている。

次に、小売りチェーン店化。大学時代は、写真部に所属し、全国を回っていたが、大阪へ行けば「主婦の店ダイエー」、三重県に行けば四日市の「岡田屋」と必ず話題の小売店を見て回った。就職後も、ボランタリーチェーンに強い関心を持ち、入社4年目には会社を辞めて、2年間の欧米研修旅行に出かけた。その間、各国のスーパーマーケット、コンビニエンスストア、ボランタリーチェーンでみっちり働き、チェーン店の現場を経験した。

帰国後、大久保は米店のボランタリーチェーン構想を打ち出し、米店100店を10店単位で商品を一括して仕入れる〝配達スーパー〟を実施する。商品は清涼飲料、洗剤、みそ、トイレットペーパーなど〝重いモノ〟、〝かさばるモノ〟に絞る。この配達スーパーがダイオーズの原型となる。このとき、大久保はチェーン店の持つバイイングパワー（購買力）の威力を体感した。

3つ目はフランチャイズビジネス。大久保がそれを経験したのは、ダスキン本社のフランチャイジー（加盟店）になったときだ。このとき、フランチャイジーの販売力の強さを実感した。また、顧客情報収集力、それに他店との競争意識による市場開拓精神の向上などを学んだ。

ここで注目すべきは、大久保がターゲットを家庭市場からオフィス市場に転換したことだ。

「ダスキン本社はオフィス用商品にあまり力を入れていなかった。そこで私が、本格的に売ってみると、面白いように契約が取れたのです」

BtoB（企業間取引）の原体験がここにあった。

さらに、大久保がOCS事業に着目したのは、米国ではOCSビジネスが急速に伸びており、日本にもやがて米国型ビジネス社会が到来すると予想したからだ。当時、日本のオフィスではインスタントコーヒーしか飲まれていなかった。

大久保はOCSの実態を調べるために、米国へ飛び、世界最大のOCS会社の経営ノウハウを教わったり、他の企業のサービスぶりを見て回ったりした。そうして1977年、日本初のOCS事業を開始する。さらに1988年には米OCS会社20社を買収し、米国へ進出する。

現在、全米22州、66拠点で展開。売上高は全米3位。日米の顧客数は20万社に達する。

「うちはBtoB、ツーウェイ、継続反復販売に特化し、お客様の痒《かゆ》いところに手が届くような

サービスを提供しています。この分野には、流通業を脅《おびや》かすアマゾンも参入できないんです」

大久保の編み出したビジネスモデルは不変だという。

営業・サービス要員に自ら同行　顧客対応を取材

いつも言うように、経営者が現場の実態を体感できていることは、企業経営には極めて重要だ。経営者が現場に自ら足を運び、最前線の現場の生情報を肌で感じ取り、鋭角的な意思決定を行うことが不可欠であるからだ。成長を遂げる企業の経営者に、現場・現実・現物の三「現」主義者が多い理由である。

現場主義の経営者の中には、現場に出向くだけでなく、自ら顧客と接し、顧客の意見や要望を聞き、新たなサービス事業を起こす経営者がいる。

ダイオーズ創業者の大久保真一がその1人。

同社は現在、OCSをはじめ、水、給茶機、クリーンケア商品のレンタル、清掃サービスなど、事務所向けの様々なサービスを提供している。これらはすべて、大久保自ら顧客のニーズに基づいて発案し、着手した事業ばかりだ。

例えば、1977年に開始したOCS事業。当時、同社はダスキンのクリーンケア事業のフランチャイズに加盟。オフィス市場に注目し、あしかけ6年でフランチャイジー（加盟店）売り上げ全国1位になった。それを機に、オーナー経営者の大久保は新たな独自ビジネスを模索した。取り組むべき事業領域は①オフィスに対するビジネス、②継続するビジネスと決めた。当時、日本のオフィスでは緑茶かインスタントコーヒーが飲まれていた。しかし、大久保はマクドナルドなど米ファーストフードの日本進出により、日本でもレギュラーコーヒーがオフィスで飲まれる時代が必ず来ると考え、自らが米国へ行ってOCS事業を学んだ。

翌1978年、フランチャイズチェーンを設立し、本格事業を開始した。大久保は10年間、OCS事業に集中し、事業基盤が確立すると、次なる事業の柱をどうするか考えた。それは米国でのOCS事業だった。米国への逆進出を決断すると、国内事業は他の人に任せ、自らは米国事業に専念した。

「現場を見ることを一番の信条としています。ゼロから新しいものを作って、事業としての見通しが立つまでが自分の仕事だと考えています」

大久保の事業発想の原点は現場にある。新事業はすべて顧客のニーズを汲《く》み取る現場の提案から生まれる。例えば、給茶機。従来の給茶機はリース料が高く、大企業にしか扱《あつか》えなかった。中小企業から「もっと手軽に飲めるものを」という声が上がった。そこで大久保は2012年、水サーバーと給茶機を一体化した専用機を開発、大量生産することにより、1台当たりのコストを下げ、中小規模オフィスの需要を拡大。また、2017年にはガロンボトルの重い水を上へ上げなくてもいいように、ボトルをサーバー下部に収納し、汲み上げる装置を作ったりしている。これも顧客満足を考えたアイデアだ。

大久保がいかに頻繁に現場を回っているかは、1年の半分以上を海外出張にあてていることからもうかがえる。

また、大久保は現場のモチベーションを高めるため、毎年2回、全社員が集まる「全社勉強会」を開き、そこで国内外の成績優秀者を表彰している。

表彰は社員が目に見える形で努力したんだなと実感でき、自ら情熱を喚起する機会となるから大切だと大久保は言う。

面白いのは、大久保自身が成績優秀な営業・サービス要員に同行し、顧客への対応や作業ぶりを取材して「全社勉強会」で発表していることだ。自らが現場で撮影した画像などを使い、社員の成功事例を紹介している。大久保の「成功者に学ぶ」と「事実を自ら見る」という考えに基づくものだ。

「私が一番好きなのは、営業・サービス№1の社員との現場同行です。営業に行く人と同じユニフォームで現場に出ます。研修者と紹介してもらっていますので、お客様は誰も、私が社長だとは思わない。だからこそ、お客様の素直な反応が見られるのです」

大久保は、現場力＝顧客への「御用聞き」力のさらなる強化に余念がない。

広告会社勤務時代から良質な人脈築き米国進出

起業する人間は、自分の頭で考え判断し、自分の責任で行動すると私は考える。起業するためにはまず、何かをやろうと「夢」「志」を抱かなければならない。それがビジネスを始めるときのヒントになる。何かをやりたいと思い続ける。するとアイデアを捻《ひね》り出すうえで、情報がいかに大事かがわかってくる。やりたいことの情報は頭の引き出しに入っていく。すると、頭の中に〝網《あみ》の目〟ができる。新しい情報に接すると網に引っ掛かる。すると、網の目は一段と細かくなる。網の目は細かいほどよく引っかかる。情報は捉《とら》え方次第で価値がゼロにも100にもなる。情報が多く入り、情報の価値を判断できる人間が起業家の条件だ。

その点、大久保真一は過去、一貫して〝生きた情報〟を大切にしてきた。1967年、海外研修に出かけたこと、1969年、米店のボランタリーチェーンを設置したこと、また1977年、OCSを開始したこと、さらに1988年、米国へ逆進出したのもすべて、生きた情報に基づいて判断した結果である。

大久保は、若い頃から家業の米屋の配達と御用聞きで、生きた情報は人との交流によってしか得られないことを体感していた。そのため、起業するにはまず、「人」を知ること、つまり良質の人脈作りが大切だと考えた。

最初に人脈作りに心血《しんけつ》を注《そそ》いだのは、会社に勤めていたときだ。当時、通産省は欧米からチェーン店の経営者を招いてボランタリーチェーンのセミナーを開催。海外研修を熱望していた大久保は毎回出席し、外国人経営者に「研修の機会を与えてくれないか」と直談判した。彼らが帰国後も、大久保は手紙を送り続けた。熱意は伝わり、後日「ＯＫ」の返事が次々と届いた。

海外研修の２年間で、新しい職場経験の積み重ねと新たな海外人脈の構築により、大久保の頭には生きた情報が洪水のように入り込んだ。それらは帰国後、米店のボランタリーチェーンの設立、運営に生かされた。

次に、大久保が情報網となるべく人脈作りに奔走したのは、米国のＯＣＳの実態を調べるために渡米したときだ。大久保はまず、世界最大のＯＣＳ会社の元副社長と会い、経営ノウハウを徹底的に教わった。そして、成功しているＯＣＳ会社を数社紹介してもらい、サービスぶりを見て回ったりした。

そうして大久保は日本初のＯＣＳ事業を開始するが、米国の人脈作りはその後も続ける。毎年３〜４回、米国のＯＣＳ会社を訪ねたり、日本に招待し、観光案内するなど手厚くもてなしたりして親交を深めていった。

そんな大久保の人となりは、米国のＯＣＳ業界で評判となり、大久保が面会を希望すると、ほとんどの経営者は快諾するようになった。

大久保が米ＯＣＳ会社20社を買収し、米国へ逆進出できたのは、米国人脈を築くことにより、買収のための〝種〟まきができたからだ。米ＯＣＳ各社を訪問するたびに大久保がまいた「リタイアするときには声をかけてください」という種だ。

「種まきをたくさんしておくと、毎年刈り取りができるのです。最初から、『売ってくれよ』では、警戒されます。種をまいておけば、時期が来れば向こうから自然と声がかかってきます」

ダイオーズの米ＯＣＳ会社１５０社の買収は、まさに種をまいて刈り取った成果である。

さらに、大久保流の特徴は、「従業員を大切にする」ことだ。

「買収で一番大事なことは、従業員を引き取って、幸せにすることです。彼らはいくら高い値段を提示されても、従業員を大切にしない会社には売りたがりません。その点、私は会社を守り、従業員が誇りを持って働ける環境づくりを心掛けています」

生きた情報は良質の人脈から生まれ、その人脈は信頼関係と礼節、気配りから生まれる。

大久保の生きた情報網づくりへの挑戦は続く。

13

木股昌俊《きまたまさとし》　クボタ社長

日本の農業の未来のために課題解決に挑戦し続ける

グローバル・メジャー・ブランド（GMB）を目指し、全社員一丸となる

一般的に、経営者の責任とは企業のリーダーであることだ。それも社員全体のリーダーでなければならない。リーダーであるためには、社員1人ひとりに会社の理念やビジョンを伝え、全員がそれを共有できるようにすることだ。社員全員が、会社はどこへ行こうとしているのか、どのような方法で達成しようとしているのか、そのためには自分が何をすればよいのか理解できるようにしなければならない。経営者の責任は、会社の行先を示し、そこに社員を導くこと、そしてその結果に対して自ら責任を負うことである。

では、クボタ社長の木股昌俊はどうか。

木股が社長に就任したのは、副社長就任3ヶ月後の2014年7月。前会長兼社長の益本康

男の急逝《きゅうせい》という非常事態での就任だった。

急遽《きゅうきょ》社長になった木股がまず考えたのは、統治のあり方だった。「トップ自らが直接統治する」という従来の形式は継承するが、統治のベースに経営幹部による合議をおいた。つまり、意思決定は最初からトップダウンで行うのではなく、幹部の意見を汲《く》み上げ、議論を重ねたうえで決定を下すボトムアップ重視のトップダウンを行うと宣言した。

次に、「食料・水・環境」の問題解決で社会に貢献するという企業理念や、顧客や社員を大事にするという創業以来引き継いできた精神は変えないと訴えた。

木股が腐心《ふしん》したのは、社員の士気の鼓舞《こぶ》だった。そのためには社員全員を1つにまとめて経営に参加させる。それには会社の行く末をはっきりと示し、全員が1つの目標に向かって突き進むべく「高い目標」が必要だと考えた。そのとき、木股は石川島播磨重工業（現ＩＨＩ）や東芝の社長、会長を歴任した土光敏夫のエピソードを思い出した。

木股昌俊

「毎日続く単純作業でやる気を失っていた工場の女性社員が、『世界一のモーター工場にしよう』と高い目標を設定したら、『自分の仕事がこんなに素晴

らしいものだと感じたのは初めての経験だ』と言い、目を輝かせて働くようになった」（「フォーブス・ジャパン」より）

それをヒントに木股が掲《かか》げた〝旗印〟が、世界の農機具市場で存在感を示す「グローバル・メジャー・ブランド（ＧＭＢ）になること」だ。木股が新人時代から抱き続けてきた目指すべき理想であった。

面白いのは、木股は、「こうありたい」とＧＭＢのイメージを語るのみで、その定義や具体的な目標は各部門に任せてきたことだ。会社を支えているのは社員。その社員たちの意欲を引き出そうと、ボトムアップを重視する〝木股流〟を通してきた。最初は、定義や目標に部門間で差があったが、現在ではほぼベクトルが揃《そろ》ってきている。

そのＧＭＢの定義とは、まず製品と技術、サービスを通じて、安定的食料生産、安心な水の供給、快適な生活環境の創造に貢献する、「存在感のある会社」にすること。初めに社会発展への貢献を掲げた。

次に、会社の規模を世界トップクラスにすること。例えば、農業機械分野で現在の世界３位から、世界首位の米ジョン・ディア社に並ぶ首位クラス入りを目指す。そのためには海外市場の開拓が急務だ。特に世界最大の北米の中・大型トラクター市場シェア拡大に力を入れる。さらに、地産地消を推進し、現地開発・生産・販売体制を確立する。そうして、海外生産比率を現在の約30％から50％以上に高める――。

こうしたＧＭＢの具体的中身は、木股が招集する経営会議など定例会議や、「技術開発戦略会議」、「ＫＰＳ（クボタ生産方式）会議」「ＩＴ戦略会議」などで、社員の意見を汲み上げ、議論を重ねた結果、明確になってきたものだ。

木股が現在、頻繁に国内外の工場、研究所、事業所を回り、自らの想いを語る一方、現場の声に耳を傾《かたむ》けているのは、ＧＭＢ実現へのチャレンジ精神を醸成《じょうせい》するためである。

木股は、全社員一丸となった「ＧＭＢ」の実現に邁進《まいしん》する。

部下1人ひとりに手書きバースデーカードを送る

私は、会社の主役はトップではなく、社員でなければならないと考えている。社員が主役になることで〝社員力〟が発揮され、会社は動く。トップの意思がトップにとどまっている限り、会社は動かない。

では、誰がトップの意思を社員に転換させるか。この転換装置となるのが「№２」。私の言う№２とは、役職やポジションの「２番目」ではない。副社長、専務かもしれないし、課長かもしれない。企業を変え、成長させる主役である。

その点、木股昌俊は、社長に就任するまで「№２」の役割を果たしてきた。

木股は1977年、北海道大学工学部を卒業後、久保田鉄工（現クボタ）に入社。筑波工場製造第二課に配属、以降米ジョージア州の米国工場赴任、筑波工場製造第二課長、筑波工場長、取締役機械営業本部副本部長、同常務執行役員機械営業本部長……と生産技術畑を歩み、随所で「№2」として活躍してきた。

木股の№2としての特徴は、常に社員のモチベーションを高める〝舞台づくり〟を行ってきたことだ。社員のモラールを高め、社員に生き甲斐を与える仕組みを考え、企業が成長を続けていくうえで必要な潜在的エネルギーを引き出してきた。

最初に№2シップを発揮したのは、1988年から7年間、米国工場建設に携《たずさ》わったときだ。木股は製造担当として設備導入、従業員採用・訓練、生産の立ち上げから軌道に乗るまで製造に関する一連の仕事を任された。

木股が腐心《ふしん》したのは、従業員が満足して働ける環境づくりだった。英会話は苦手だったが、いつも従業員への声掛けに努め、トラブルが起こると従業員と一緒に解決策を考えるようにした。操業3年目、シフトを昼間と夕方からの2直から、深夜からの3直体制にすると、機械故障や不良品の発生で生産が遅れた。ある折、木股は昼勤務の作業責任者に「残業せよ」と指示した。ところが、気になって夕方再び現場に出向くと案の定、誰もいない。木股は落胆し、その夜は一睡もできなかった。

翌朝早く、工場へ行くと音がする。従業員に聞くと、「残業しろと言われたから、朝4時に来た」。夜は家族一緒に食事をし、コミュニケーションをとる大切な時間だ。しかし、朝ならどんなに早くても大丈夫という。このとき木股は、米国人は家族を大切にしながらも、仕事にも一所懸命に取り組むことを確信した。それが、従業員の満足度向上に心を砕《くだ》く木股の原体験となった。それを機に、木股は仕事の条件は従業員の意見を尊重しながら決めていくことにした。

次に、木股が№2シップを発揮したのは、筑波工場のトラクター生産を担《にな》う製造第二課長のときだ。部下は300人いたが、普段はグループ長を通じて指示を出すため、1人ひとりと言葉を交わすことができない。従業員の小さな事故も続いた。

そこで、何とか部下とコミュニケーションをとりたいと思った木股は、感謝と慰労の意を込めてバースデーカードを送ることを考えついた。「安全第一を心掛けて」などと手書きでメッセージを書き添えて、1人ひとりにハガキを送る。受け取った部下たちは木股の温かい心遣いに感動し、士気を高めた。そうして木股は№2として工場長をサポートした。

バースデーカード送りは筑波工場長昇進後も続けた。部下は1000人に増えたが、木股は、「1日3枚書けばいいんです」と平然と言った。

面白いのは、歴史小説好きの木股が筑波工場の玄関に「Z旗」を掲げ、従業員を鼓舞《こぶ》したことだ。筑波工場では輸出用中型トラクターの生産の立ち上げを行うが、作業漏れや遅れが頻発。そこで木股は、日露戦争の日本海海戦で東郷平八郎《とうごうへいはちろう》司令長官が掲げた信号旗にならって、「筑波の興廃この生産にあり」と訴えた。

その後、木股は機械営業本部長、調達本部長など歴任、社長の益本康男（当時）を支えた。

若手・中堅社員を育成する「ワイガヤ研修」発足

メーカーが持続的成長を遂《と》げるための競争力を構成する要素は、イノベーション、品質、コスト、速度といろいろ挙げられるが、最も重要なのはイノベーションだと私は考える。イノベーションなき成長はあり得ない。アナログからデジタル、携帯電話からスマートフォン、ガソリンエンジン車からハイブリッド車、ＥＶ（電気自動車）、さらに燃料電池車……。常に新しい技術を開発し、新しい製品の販売とサービスの提供を行う。その結果、安定した収益を上げ、社会に貢献する企業となる。

クボタはどうか。社長の木股昌俊は現在、ビジョン「ＧＭＢ（グローバル・メジャー・ブランド）になること」を掲げ、全社一丸となって世界トップクラスの総合トラクターメーカーの実現へ向け突き進んでいる。そして、「ＧＭＢの実現なくして、クボタの将来への展望は開けない」と〝危機感〟を繰り返し訴える。

木股が新しいことに挑戦する企業風土づくりに腐心するゆえんである。典型例が、2016年から始めた革新的な製品・事業を生み出す若手・中堅社員を育成する「ワイガヤ研修」だ。本社の事業部門・研究開発部門から若手・中堅社員を参加させ、半年間、創造力や現場での洞察力を鍛《きた》える様々なトレーニングを実施。大事なのは顧客基点のイノベーションであることだ。

「お客様満足に対する感性を研《と》ぎ澄《す》ませてお客様が満足する製品・サービス、技術を追求していかなければGMBにはなれない」

社長就任以来、木股は革新的な製品を次々と世に送り出している。例えば2015年に開発したクボタ初のエンジン出力130～170馬力の畑作用大型トラクター。クボタは100馬力クラスまでの小型農機では世界シェア1位だが、大型農機を作っていなかったため、主戦場の米国市場では限界があった。木股は、大型農機の投入で米国市場開拓に弾《はず》みがつくと見込んでいる。今後は200～250馬力の大型農機の開発を視野に入れ、200馬力クラスまでの製品でもシェア№1を目指すという。

木股流イノベーションは建設機械にも及び、スキッドステアローダーなどそれまでクボタにはなかった建機を新たに開発し、製品群を拡充しつつある。

さらに、木股が力を注《そそ》いでいるのは、情報通信技術の取り組みである「クボタスマートアグリシステム（KSAS）」だ。様々な計測機器を農機に装備し、精密農業を可能にする。例えば、コンバインで稲や麦を刈り取るとき、どの場所でどのくらいの収穫量があり、その品質はどうかをデータ化し、次回の収穫に生かせる。量が少なかったり、品質が低かったりした場所に、多めの肥料をまくなど適切な対策を打てる。また、自動で肥料の散布量を制御することができるためコスト削減にも繋《つな》がる。ＫＳＡＳは今後世界で活用する方針だ。

「新しいことに挑戦しよう」

そう訴える木股のチャレンジ精神は新人時代から培《つちか》われてきた。まず、入社２年目、語学は得意ではなかったが、２ヶ月間、50馬力のトラクターを米国へ売り込みに行く。米国では２００～２５０馬力が主流で、求められる馬力が一桁違うことに衝撃を覚えた。３年目にはいきなりトラクターのフルモデルチェンジの製造担当を命じられ、製造工程設計に挑戦。先輩や上司に叱られ、手直しさせられたが、一所懸命に取り組んでいれば応援してくれることを体感した。

さらに、入社11年目には米ジョージア州の工場建設に携わる。木股は製造担当。従業員のモチベーションの向上に苦心するなど、初めて挑《いど》む困難な仕事ばかりだったが、「あきらめないでやり続ければ、できないことはない」ことを体得した。

その後、木股は筑波工場の第二製造課長、工場長を歴任。その間、常に心を砕いたのは従業員の満足度の向上だった。従業員にバースデーカードを送ったり、様々な名目の表彰制度を設けたりして、働き甲斐のある環境づくりに挑戦した。挑戦は実り、筑波工場の生産性は大いに高まった。

経営幹部全員による共同統治の体制へと転換

経営トップに必要なのは、資質ではない。「夢」や「志」である。「志」を立て、夢の実現を目指すという意思が企業の成長の根源である。では、夢を実現する強い意思とは何か。使命感を表すには何が必要か。それは「胆力《たんりょく》」に他ならない。胆力、言い換えれば「覚悟」がなければ使命感を行動に移すことも、意思を貫き通すこともできないのだ。

その点、木股昌俊には胆力がある。副社長になってからわずか2ヶ月後、前社長の益本康男の急逝による非常事態での社長就任にもかかわらず、ビジョンと課題を冷静に考え抜いて、改革を成し遂げつつあることからも頷《うなず》ける。

カリスマ経営者と知られる前任の益本と比べると、木股から受ける印象は地味だ。自分は前任から後任に引き継ぐ、クボタの歴史の1コマを担《にな》うという堅実・実務タイプの社長だ。

しかし、反面その内にある意志の強さは改革の実行を見れば明らかだ。木股は、大上段に構えた改革ではなく、自分流改革を考え抜いて、それを成し遂《と》げることに全精力を注ぐ。例えば、まず前任者が行っていた個々の事業部をトップ自らが直接統治する体制から、経営幹部全員による共同統治の体制へと転換した。さらに、意思決定も、最初からトップダウンの命令式ではなく、下の意思を上に上げさせ、最終的に意思決定を下すというボトムアップ方式へと変えた。

木股流の特徴は、改革の先に「GMB（グローバル・メジャー・ブランド）の実現」という〝グランドデザイン〟を描いていることだ。会社が目指すのは「世界一」ということを最初から明確にしている。世界で最も強いものが生き残る。強くなるためには量より質。売り上げのボリュームよりも、基本的には企業の体質を強固なものにしていく。そうするためには「全員参加の改革」でなければならない。改革の主役は社員、社員が自発的に動いて初めて改革は達成される。

その代表例は、KPS（クボタ生産方式）の導入とその進化だ。木股は社長に就任すると、トヨタ生産方式を導入し、クボタ独自の技術と融合させたKPSを全社に展開。ジャスト・イン・タイムの全社全部門展開だ。当初は生産現場が中心だったが、現在は営業・販売部門を巻き込み、受注してから製品を生産、顧客に届けるまでの総リードタイムを短縮する「オーダー・デリバリー・リードタイム短縮活動」へ進化させている。製品を出荷するまでのリードタイムを短縮することにより、コストを大幅に削減する取り組みだ。それを完成するためには、開発、生産、物流、営業に携わる全従業員が自分の頭で考え、自分の責任で行動するようにしなければならない。まさに全員参加の改革の典型例といえよう。

この他の木股改革は、①イノベーションを起こそうとする企業風土づくり、②地産地消の基本方針に基づく海外開発・生産・販売体制づくり、③「世のため、人のため」という創業以来の企業文化を埋め込むこと――など。社員の意識改革が中心である。

木股は、〝体質強靭化改革〟の成否は社員のモチベーションで決まると考える。そのため社員のモチベーションを高めるべく制度・施策づくりに腐心する。全従業員へのバースデーカード配布、役職手当増額など技能社員の人事制度改定、年休制度改定、安全・品質など各工場の表彰制度導入及び全社の技術賞・開発賞など表彰制度導入……。

さらに、木股は国内外の工場、研究所、事業所の現場に自ら頻繁に足を運ぶ。木股が言う。

「現場で言っているのは、『上司のおる前で、やりたいことを言え』。『これをやりたいと言って、怒る上司がおったら、俺に言ってこい』と。現場を回っていると彼らが今何に困っているかがわかります。お金がないのか。人が足りないのか。アイデアがないのか。本部長を呼んで、現場責任者が言えないことを代弁して言うこともあります」

「現場主義」を経営の基本と考える木股の真骨頂《しんこっちょう》である。

「農家に支えられてきた企業」としての使命を果たす覚悟

持続的に繁栄している企業の経営者は必ず、強い使命感を持ち、それに支えられた情熱を持っている。使命感がなく、野心だけでトップになった人間は、権力を持った瞬間から必ず堕落する。

では、使命感はどこから生まれるのか。創業経営者・オーナー経営者は、創業時からすでに「夢」や「志」を内在させており、使命感とワンセットになっている。また、意思決定の責任の所在が自分にあることから生まれる。決めるべき人はオーナーで、責任を取るべき人もオーナーであるからだ。一方、サラリーマン経営者の場合、使命感は「世のため、人のため」「顧客のために尽くす」という思想からくる思いだといえる。

木股昌俊も、「世のため、人のため」という企業文化を継承、埋め込むことを自らの使命感と考える。「食料・水・環境を一体のものとして捉《とら》え、その課題解決に貢献する」というミッションを唱《とな》えるのも使命感からだ。また、「国の発展に役立つ商品は全知全霊を込めて作り出さねば生まれない」という創業者・久保田権四郎《くぼたごんしろう》の企業家精神を継承し、イノベーションに不断の努力を続けているのも、ビジョン「GMB（グローバル・メジャー・ブランド）になること」の実現を目指し、それに向けて邁進するのも、すべて使命感からだ。使命感の強さは「社会のため」＝「お客様第一主義」を経営の基本としていることからも頷ける。

企業にとって「世のため、人のため」の仕事とは、寄付など一過性の社会貢献を意味するのではない。自社の製品やサービスを顧客に提供することを通じた世の中、社会への継続的な貢献だ。そのためにはまず、必要な利益をきちんと取ることが絶対条件となる。

その点、木股は、「企業とは利益を上げることを通じて長期にわたり、社会に貢献することを目的とする組織」という企業観を持つ。利益は目的ではなく、手段として必要。「サービスが先、利益は後」。つまり、顧客が満足する製品やサービスを提供すれば、利益は自然とついてくると考えるのである。

木股の使命は、社会のためという創業理念に基づく企業文化を埋め込むことだ。創業者の久保田権四郎は1890年、19歳で鋳物《いもの》業を開業。コレラなどの伝染病を防ぐための水道用鋳鉄管や大規模な農業を行うための耕運機など、世の中の課題解決に結びつく製品を開発してきた。権四郎は、商品はただ技術的に優《すぐ》れていることだけでなく、社会に役立つものでなくてはならない。それが「正しき意味における商品価値」だと説《と》いた。

クボタが現在、日本の農業の未来のために課題解決に挑戦し続けるのは、創業精神が息づいている証左である。日本の農業は、高齢化による離農者の増加と耕作放棄地の拡大が進む一方で、大規模化が進み、ＩＴ活用の精密農業で生産性を向上する新たな担い手が現れている。木股はその両方に対応できる機械やサービスを提供していくという。

また、クボタは日本の農業の活性化のために、香港、シンガポールに精米の販売会社を設立、玄米を輸出し、現地で精米して販売する事業も行っている。

木股は、クボタは農家に支えられてきた企業だという意識が強い。第一、自分自身が農家に鍛《きた》えられてきた。新人の頃、配属された筑波工場は従業員の6割は兼業農家だった。当時の農家は自分が手掛ける作物に強いこだわりを持っていただけに農機メーカーに対する要求も厳しかった。木股は、従業員の家庭訪問をするたびに、農家の人からいろいろなことを教わった。それだけに、農家に貢献しなければならないという思いが強い。

木股に、クボタをどんな会社にしたいか訊ねると、「世界中の人が自分の一番大切な人を預けたいと思うような会社にしたい」と明言した。

「世のため、人のため」という企業文化を埋め込もうとする木股の挑戦は続く。

14 永井浩二《ながいこうじ》　野村ホールディングス　グループCEO

「野村『創業理念と企業倫理』の日」を制定

不祥事を改革好機に　150支店を回り社員と理念共有

危機を千載一遇《せんざいいちぐう》のチャンスに転化する。追い詰められたときこそが新しい方向性を見出すチャンスである——。言葉で言うのは簡単だが、危機は焦りにつながり、自社のこれまでのすべてを否定してしまい、規律を失い、悪循環に陥《おちい》る企業は多い。危機をチャンスに転化するトップは、危機の中でも冷静さを失わずに自分で考えて、考え抜く。そして過去を否定し、前へ突き進む覚悟と胆力《たんりょく》があると考える。

その点、永井浩二はどうか。

永井が野村ホールディングス代表執行役社長・グループCEO（最高経営責任者）に就任したのは2012年8月。中核企業の野村證券の社長になって4ヶ月後だった。当時、野村の公募増資に関わる公表前情報を漏洩《ろうえい》した「増資インサイダー問題」への関与が発覚、グループCEO、同COO（最高執行責任者）が辞任したのに伴い、野村證券社長を兼任する形でグループCEOに就任。信用が失墜《しっつい》した折だった。

それまでも野村證券はバブル崩壊後の1991年には「損失補填問題」、1997年には「総会屋への利益供与事件」と過去二度、不祥事を起こしており、これが三度目だった。

グループCEOに就任した永井は、「会社を根底から創りかえる」と宣言し、直ちに社員の意識改革から始めた。課題は、①信頼回復、②ビジネスモデルの変革、③セクショナリズムの撤廃の3つ。いずれも永井が若い頃から疑問に感じ続けていたことだ。つまり、永井は、潜在していた問題がここへ来て顕在化し、このままだと経営不振に陥ってしまうと危機感を持っていたわけだ。永井が、顕在化した今こそ千載一遇のチャンスと改革に心血《しんけつ》を注《そそ》いだ理由である。

1つ目は、信頼回復。不祥事の真因は、「世のため、人のため」に仕事をするという企業文化が埋め込まれていないことにある。永井は、世の中、社会の役に立つ、すなわち、社会貢献に見合わない利益を求めてはいけないということを明確に示し、社員に徹底して理解させる必要があると考えた。8月3日を「野村『創業理念と企業倫理』の日」と定め、社員に過去の不祥事報道や企業理念を訴えたビデオを見せているのは、過去の不祥事を風化させないためである。

２つ目は、ビジネスモデルの変革だ。営業スタイルを従来の売りたい商品を一方的に勧めるというやり方から、顧客のニーズに合わせて商品、サービスを提案する方式へ転換した。

グローバル体制も変えた。野村は２００８年、リーマン・ブラザーズのアジア・パシフィック地域部門及び欧州・中東地域の株式部門・投資銀行部門を継承し、グローバルビジネスを拡大した。しかし、永井にはかねて「何のためのグローバル化なのか。単なる自己満足ではないのか」という疑問が付きまとっていた。そのため、取り組むビジネスの範囲を顧客に求められている付加価値のあるビジネスに絞り込むことにした。

３つ目は、「セクショナリズムの排除」。野村は、リテール（営業部門）とホールセール（法人部門）の2部門が相互に専門性を高めるマネジメントを行ってきた。部門ごとに、しきたりやルールを作るようになり、他部門の干渉を遠ざけ、〝異物〟を排除するようになっていた。各部門がそれぞれの利益を最優先するため、部門間に壁ができ、個々の部門が自分最適を考え、全体最適性を失っていたのだ。

永井浩二

そこで永井は、全体最適の基準を「すべてはお客様のために」と規定し、行き過ぎた部門制の是正に着手した。大幅な人事異動を実施し、役員には年4～5回の部門間交流を義務づけた。

見逃せないのは、永井のビジョンや理念を徹底させることへの強いこだわりだ。グループCEO就任以来、150支店以上を回り、精力的に社員との対話を続けている。理念、ビジョンを徹底するためには、愚直に自分の言葉で繰り返し語り続ける。そして、言行を一致させる、すなわち、自分の理念や方向性通りの会社運営を実行することだと確信して改革を進める。

永井は、危機を新しい方向性を見出すチャンスとして生かしている。

従業員組合の委員長を務め、会社の社会的使命を確信する

企業を成長させている経営者の中には傍流《ぼうりゅう》体験を有する経営者が多い。海外や子会社、周辺の部署で苦労した人、あるいは転職してきた人のほうが、会社の主流を歩み、順調に出世してきた人よりも、改革を成功させているケースが多い。これらの人は、既存の事業に対し、しがらみがないため、思い切った決断ができる。また、外から客観的に会社を眺《なが》めているため、会社の事実を冷静に認識し、改革しなければならない不合理な点をよく見出せるからである。

永井浩二は、決して〝傍流組〟ではない。むしろ主流を歩み、順調に出世してきたほうだ。にもかかわらず、永井は自社を客観的に眺め、不合理な点を見つけられる経営者の1人だ。

永井は2012年、グループCEOに就任すると、「会社を根底から創りかえる」と宣言、「すべてはお客様のために」というメッセージを掲《かか》げ、顧客にとっての付加価値を持続的に提供することが、会社の存在意義だと訴えた。顧客に評価される企業は生き残り、そうでない企業は退出させられる。だからこそ、顧客に評価される企業へ変えていく必要があるんだと、顧客第一主義の徹底を打ち出した。

そうして断行した改革が、「野村『創業理念と企業倫理』の日」制定、国内ビジネスモデル改革、グローバル体制変革、人事制度改革、欧米事業構造改革、マーチャント・バンキング部門新設などである。いずれも永井が客観的に会社を眺め、不合理な点を追及した結果、実現した実績だ。

改革成功の鍵は、社員がどこまで自分の頭で考え、自分の責任で行動するかにある。

そこで永井が訴え始めたのが、私の言う〝機能不全病〟（大企業病）の克服だ。野村の社員はいつの間にか、「エスタブリッシュメント」（特権階級）になってしまい、自分の頭で考え、自分の責任で行動することをしなくなった。その結果、前例主義が蔓延《まんえん》し、セクショナリズムが横行した。機能不全病を克服しなければ、野村は生き残ることができない。

永井は機能不全病が随所で不合理を生じさせている本質的な理由だと見抜いたのだ。

では、永井は、どうやって自社を客観視できる目を培《つちか》ったか。中央大学法学部卒業後、野村證券に入社。豊橋支店長、岡山支店長、事業法人一部長、企業金融三部長、京都支店長、取締役企業金融本部担当、常務執行役大阪支店長などを歴任。リテール（営業部門）とホールセール（法人部門）を交互に歩んできたことと、4年間従業員組合専従となり、後半の2年間、委員長を務めたことにある。

1つ目は、リテールからホールセール、ホールセールからリテールの在り方を見て、「部門間の壁」を冷静に眺めることができたことだ。入社後リテール一筋でやってきた永井は40歳のとき、突然、投資銀行業務部門の事業法人一部次長に就く。その部署で永井は「リテールの人」とよそ者扱いされる。その後、事業法人一部長、企業金融三部長を経て、京都支店長になると、今度は支店の若い人たちに、「ホールセールの人」。京都支店長から取締役企業金融本部担当になると、部下たちに「リテールの人」と言われた。そんな苦い体験から「みんな、人を枠にはめ、あいつは俺たちとは違うと壁を作っている。それを壊さないと一体運営ができない。野村は世の中の変化に対応できないまま潰《つぶ》れていく」と危機感を持った。

2つ目は、従業員組合の委員長を務めた折だ。組合はいろいろな価値観の人が集まる。多様性を受け入れなければ委員長は務まらない。また、折しも起きた「損失補塡問題」への組合の対応を通じ、会社の社会的使命を考える。経営の問題点を挙げ、改善案を提示した。このとき、永井は会社の社会的使命の重要さを改めて確信する。

こうした永井の客観視する力は、何事も距離感をもって冷静に眺める生来の〝資質〟がもたらしているといえる。

今後、永井はどこまで自社を客観的に眺め、不合理な点を改革することができるか、注目される。

不祥事ビデオで社員に使命感、倫理観を植え付ける

成功する経営者は、好不況にかかわらず、成果の良し悪しにもかかわらず、常に危機感を抱いている。その危機感はもちろん、目先の業績の良し悪しというような小さなものではない。周囲を飲み込み、一層の強大化を続けるサイバー空間のプラットフォームを押さえたＧＡＦＡ（ガーファ：グーグル、アップル、フェイスブック、アマゾン）の出現など根本的な産業構造の大転換の只中に放り込まれ、答えがない中で、次なるビジネススタンダードでは自社の存続が根本から危うくなる可能性を間近に感じての危機感だ。今期を乗り切るのではなく、５～10年後、自社がマーケットから強制退場させられる事態を回避し、存続するためには何が必要か、見つめるのはその一点だ。

永井浩二は現在、野村グループ企業理念「金融資本市場を通じて、真に豊かな社会の創造に貢献する」の実現に向け、「すべてはお客様のために」という基本コンセプトに基づいた事業

モデルの改革を推進している。

そこには、永井の「加速する環境の変化に合わせて変わっていかなければ生き残れない」という危機感がある。そのため、永井は日々の社内外の生きた情報の入手と自らの思いを発信することに余念がない。例えば、CEOに就任以来、毎朝8時半からCOO、財務、リスク、企画担当の役員と、マーケットの動き、ビジネスの進捗、リスクやネガティブ情報などを共有すべく「朝会」を設けている。また、毎朝、前日に顧客から全営業店やお客様相談室に寄せられた意見やクレームに目を通し、「お客様のために」が実行されているかどうかを確認し、経営の方向性をチェックしている。さらに、頻繁に支店を訪問し、現場の中間管理職及び中堅・若手社員と、顔と顔のコミュニケーションに努めている。

永井の危機感が端的に表れているのが「野村『創業理念と企業倫理』の日」の制定だ。1991年の損失補塡問題、1997年の利益供与事件、2012年の増資インサイダー問題の過去3回の不祥事を全部ビデオにまとめ、全社員に見せていることだ。「これ以上、不祥事が続くと会社は潰れる」との危機感からである。社員に使命感、倫理観の規律を植え付けていかなければ不祥事は風化する。現に、2012年の不祥事は前の不祥事から15年を経過してから起きている。そこで永井が考えたのが、不祥事をビデオにまとめて社員に見せ、危機感を醸成《じょうせい》することだった。

永井が社内に危機感を植え付けることに腐心《ふしん》する理由は、野村が業界を主導し、成長を続ける企業だからである。

永井がよく例に挙げるのは、「ダーウィンの進化論」。生き残るのは最も強い者でも、最も賢い者でもない。変化できる者だ。恐竜は最強で大繁栄していたが、環境の変化に対応できなかったため、絶滅した。企業も存続するのは、時代に合わせて変化できる企業だけだ。野村も変わらなければ、〝絶滅竜〟になる。

「私が恐れているのは、新興の事業は既存の事業を破壊する可能性があるという〝イノベーションのジレンマ〟です。社会を根底から変えるようなイノベーションが起こると、最も打撃を受けるのはそのマーケットで№1のシェアを持つ既存の大手企業です。イノベーションが起きても、既存のマーケットを捨てて、新しいところに特化することは、非常に難しい」

野村にもかつて同様のジレンマがあった。今でこそ、個人の株売買取引の80％がネット系証券会社で占められているが、最初に電子取引のビジネスモデルを始めたのは野村だった。1988年、野村はファミリーコンピューターを使ってオンラインで株を取引するシステムを構築した。しかし、当時はまだ電話回線はアナログで速度は遅く、通信料金は高いなどの理由で中止する。業界№1ならではの合理的な経営判断だった。

永井は2017年秋、全執行役員に「2020年以降の野村のあるべき姿」について集中議論させた。

今後、永井がいかに危機感を植え付け、ジレンマを恐れずイノベーションに挑戦していくか、目が離せない。

情報サービスチームや生え抜き課を新設

私は、会社の主役はトップではないと考える。「会社を変えたい」という社員の思いを１つにまとめ、改革を起こしていくのは、トップではなく「No.２」だ。私がいうNo.２とは、役職やポジションの「２番目」ではない。肩書は、副社長かもしれないし、中間管理職かもしれない。No.２は、それぞれの階層に存在する。

No.２はトップに意見を具申する参謀であり、ビジョンの具現化を補佐する役割を担《にな》う。また、トップと現場の間を繋《つな》ぎ、社員の自発性を引き出し、モチベーションを高め、自由闊達な企業風土に変えていく世話役でもある。ときにはトップと闘い、部下とも闘い、企業風土の変革や過去の取引慣習の改善に取り組む。

その点、永井浩二はどうか。現在、「すべてはお客様のために」と訴え、国内ビジネスモデルの改革、海外ビジネスの再構築など「顧客第一主義」に基づく改革を推進する。

重要なのは、永井流顧客第一主義には、「顧客満足⇩社員満足⇩株主満足」という〝正のスパイラル〟を生じさせる意図があることだ。永井はCEOに就任する前から「お客様、社員、株主の3者の満足度を向上させることが大事」と考えていた。まず、顧客のニーズに対応したソリューションを提供していくことで顧客の満足度を上げる。顧客の満足度が上がれば収益が上がる。収益が上がれば顧客と向き合っている社員の満足度も上がり、モチベーションも向上する。社員の満足度が上がればビジネスはさらに拡大し、収益は一層高まる。その結果、株価が上がり、株主の満足度も上がる。3者満足は顧客満足から始まる。

永井は若い頃から「まず顧客との信頼関係ありき」を信条とし、顧客第一主義の実践に努めてきた。例えば入社6年目、本店営業部課長席（課長級）に就いた折には、売りたい株や投資信託を一方的に勧める今までのやり方では顧客との信頼関係が築けないと気付き、いかに顧客に寄り添い、資産を守りながら投資してもらうか、心掛けている。また、部下たちに顧客第一主義の考えを伝え、自分と同じ価値観を共有させている。

その後永井は、豊橋、岡山の両支店長、事業法人一部長、企業金融三部長、京都支店長を歴任するが、各部署で部下を顧客第一主義に染め、「すべてはお客様のために」を実践させている。つまり、永井は転出する先々で「顧客第一主義」を浸透させ、やがて全社共有の価値観へ醸成《じょうせい》させている。今日の経営理念は永井の長年の揺るぎない信念でもある。その点で、永井は証券会社の在り方を変える〝№2的役割〟を果たしてきたといえる。

では、永井は「顧客のために」何をしてきたか。豊橋、岡山の両支店長時代は、「地域と共に生きる」というスローガンを掲げ、地域密着に徹した支店経営を追求している。例えば豊橋支店では地元企業との関係を強化するため、数名の女性社員から成《な》る「情報サービスチーム」を立ち上げ、情報発信を行う。また、岡山支店では初任地が同支店の生え抜き社員で構成する「若手課」を新設するなど斬新な取り組みに挑戦している。両支店とも、顧客に寄り添ったサービスの提供で業績を拡大させている。

また、京都支店長のときは、顧客にとって付加価値のあるサービスを提供するビジネスモデルを全社に示している。当時、京都は情報通信、バイオテクノロジーなど最先端技術を擁《よう》する新興企業が次々に誕生していた。そうした新興企業に証券各社は挙《こぞ》って早期上場を提案した。

しかし、永井は顧客には株の上場より、機関投資家への第三者割当増資を先行させ、事業展望を投資家に説明し、定着させることを優先すべきだと提案した。永井案は受け入れられ、まず第三者割当増資を実施し、その翌年に上場を果たす。永井はすでに企業金融本部担当取締役へ転じていたが、「お客様のため」という思いは結実した。顧客に寄り添う永井流は法人営業・企業金融部門の手本となった。

その後永井は、常務執行役、専務など歴任し、トップを支える参謀役になる。

アジアに立脚したグローバル金融サービス・グループへと変身

企業が継続するには昨日と同じではいけない。過去の自分を否定し、過去の成功体験を否定し、前任者を否定し、会社の在り方を否定する。変化するビジネスシーンにおいて、変わり続けない限り継続はできない。それはつまり、過去、常識、慣習を覆《くつがえ》し、イノベーションを継続して行うことに他ならない。それができる人材こそ「経営者」であり、その源は「胆力」にある。

では、胆力、言い換えれば「覚悟」の源泉は何か。それこそが経営者に必要な、最大にして最重要の資質である「使命感」に他ならない。

永井浩二が胆力のある経営者であることは、過去の成功体験の否定と、顧客のために尽くす「新たな野村作り」への決断からも頷《うなず》ける。

永井は、CEOに就任するや、「会社を根底から創りかえる」と宣言。野村を「より社会的存在意義のある会社」へ加速させるべく改革を行っている。

永井改革は大きく分けて2つある。1つは企業風土の改革。全社員に創業者・野村徳七が説いた「創業の精神」を繰り返し伝え、「世のため、人のために仕事をする」という価値観、行動規範を共有させる。永井の本気度の高さを示す例が「野村『創業理念と企業倫理』の日」を制定し、毎年、自社の不祥事をまとめたビデオを社員に見せ、創業精神に基づく企業文化と企業倫理を確認させていることだ。不祥事ビデオを社員に見せることには一部の社員から驚きの声が上がったが、永井は「二度と事件を風化させないためだ」と断行した。

もう1つは、国内ビジネスモデルの変革と海外ビジネスの戦略的見直しだ。国内では「すべてはお客様のために」という基本コンセプトに基づくビジネス、つまり、顧客のニーズがあり、顧客にとって付加価値があるビジネスに絞り込む。例えば、リテール（営業部門）では顧客のニーズに応えるコンサルティング営業へ変革し、ホールセール（法人部門）では顧客ニーズがあり、自社が強みを持つ分野に集中する。一方、海外でも、取り組む事業を顧客ニーズがあり、かつ自社が得意とし、競争力のある分野に絞り込む。目指すのは、アジアに立脚したグローバル金融サービス・グループである。

そんな永井改革に、「簡単に変わるわけがない」、「どうせまた元に戻るだろう」などと半信半疑な社員もいたが、永井は繰り返し訴え続け、言行を一致させた。

永井が一貫してこだわるのは、野村の〝強みの再生産〟だ。野村の強みは、リテールとホールセールの「クルマの両輪モデル」にある。このビジネスモデルは世界のどの投資銀行にもない唯一無二のモデル。両者の相乗効果を生み出し、発揮させることが野村の強みだ。国内でのホールセールが強い要因の1つは、リテールの販売力にある。両者のシナジーで強さを発揮しているが、これをアジアで展開する。永井が言う。

「私たちはアジアをマザーマーケットにし、アジアと欧米を繋ぐビジネスを一番の強みにしたグローバル金融サービス・グループへの成長を図る」

では、永井の胆力はどこで培われたか。胆力はにわかにつけられるものではない。若い頃からその有無が試され続ける。

永井が最初に覚悟を決めたのは、1万3000人（当時）いる従業員組合の委員長を務めたときだ。当時、「ミディさん」と呼ばれる女性営業部隊が3000人いた。永井は、組織防衛という強い「使命感」をもって、女性営業部隊の組織化を図るが、組合内から猛反発を受ける。永井は必死に「組合員全体の幸せに繋がる」と説得し続け、最後の総会でようやく決議することができた。このとき永井は「会社からお前は要らないと言われない限りはやるしかない」と覚悟していた。

それ以来、どんな苦境に陥っても辛抱してやり続ける永井の粘り強さは、「会社をよくしたい」という「使命感」から生まれたものである。

課題先進国のノウハウ生かし、社会貢献

成長する企業の経営者には必ず、「企業とは利益を上げることを通じて長期的に社会に貢献することを目的とする組織」という企業観がある。企業を成長させている経営者の多くは、

「利益は目的ではなく、手段として必要」と考えている。

永井浩二は、「世のため、人のため」という創業以来の企業文化の継承を自らの使命とする。「金融資本市場を通じて、真に豊かな社会の創造に貢献する」という企業理念を唱《とな》え、「最も信頼できるパートナーとしてお客様に選ばれる金融サービス・グループ」というビジョンの実現に向けて邁進《まいしん》するのは使命感からだ。

企業にとって、「世のため、人のため」の仕事とは、自社の商品やサービスを提供することを通じた世の中、社会への貢献だ。そのためにはまず、必要な利益を取ることが絶対条件となる。ただし、永井は、利益は目的ではなく、手段である。顧客が満足するサービスを提供すれば利益は自然とついてくると考える。

永井は一貫して会社の社会的存在意義を問い続ける。顧客（＝市場＝社会）にとっての付加価値を継続的に提供することができなければ、存在価値がない。

その例が地方創生だ。地方経済疲弊の要因の1つに、その地方の中堅オーナー企業の後継者不在問題がある。その点、野村は、独自の情報ネットワークと過去蓄積してきた事業再生・再編・承継等のノウハウを駆使し、課題解決を図ることができる。そうしたソリューション（問題解決）力を生かし、世のため、社会のための仕事を追求しているのである。

例えば、地域医療の存続問題。ある地方大手医療法人の理事長は、親類縁者に後継者がいないことに悩み、野村に相談を持ち込んだ。医業の承継は、医療法人の経営、病院や一族の資産の所有契約など、権利関係が複雑に絡《から》み合った難易度の高い案件だ。野村は、医療専門のコンサルタントや承継案件に強い会計士を動員し、サポートする。その結果、理事長は医療法人を第三者へ承継することができた。一方、承継先も地域医療に貢献するのに必要な機能を補充することができ、両者ともウィン・ウィンの案件となった。

また、企業の抱える課題を金融の技術を使って解決するのも、「社会のため」の仕事である。企業の課題は新規事業参入、事業多角化・拡大、海外進出など実にさまざま。近年、急増しているのは海外展開へのサポートである。

例としては——。リーマン・ショック後、野村はある大手製薬会社から海外企業買収を行うFA（ファイナンシャルアドバイザー）に選ばれた。大手製薬会社は有力な新治療薬の拡販を控え、海外の販路獲得を急務としていた。買収額2000億円以上の社運を賭けた大型M＆Aは成功裡に終え、大手製薬会社は業績を大幅に伸ばした。証券会社が提案力、企業情報ネットワーク力を発揮し、優良案件を発掘すれば日本企業の成長に大いに貢献できるというケースである。

そうした永井の「社会のため」という信念の固さは、グループCEO就任直後に80歳以上の高齢者へのリスク性の高い商品の勧誘を禁止したことからも頷ける。

「リテールの役員がやって来て、『80歳以上との取引が減ったりしたら、赤字になります』と言う。それなら赤字にすればいい。お客様が満足するビジネスを行わなければ生き残れない」

今後の野村の社会的使命を訊ねると、永井はこう答えた。

「日本は、国が成熟した後、必ず直面する課題に先進国で最も早く向き合ってきました。高度成長、バブル経済崩壊、長い間のデフレ……。その間に、金融・財政政策等の失敗も含め、いろいろな苦労をしてきた。日本は〝課題先進国〟で、対応策とノウハウが豊富にある。経験値は先進国の中で一番です。だからこそ、今後20年、アジアなどで顕在化する問題解決の役に立てるのです。それが私たちの使命です」

真に豊かな社会の創造に貢献すべく、永井率いる野村の戦いは続く。

15 山下良則《やましたよしのり》　リコー社長
デジタル技術によるビジネスモデルの変革を断行

「国際調達のパイオニア」として社内に知られる

企業が継続するには昨日と同じではいけない。過去の自分を否定し、過去の成功体験を否定し、会社の在り方を否定する。変化するビジネスシーンにおいて、変わり続けない限り、継続はできない。それはつまり、過去、常識、慣習を覆《くつがえ》し、イノベーションを継続して行うことに他ならない。それができる人材こそ経営者であり、その源は「覚悟」にある。

その点、山下良則も、過去を否定し、新しいことに挑戦し続ける。２０１７年4月、社長に就任するや、「リコー再起動」を宣言、ビジネスモデルの抜本的変革を訴え、聖域なき構造改革を主導する。

入社以来、主に資材調達部門を歩んできた山下は過去のやり方や慣例を無批判に受け入れることなく、改革を実行してきた。

最初に、山下が資材調達の常識を覆したのは、入社6年目、資材部購買企画課のときだ。かねて海外調達を提案していた山下はある折、台湾での部品調達を命じられた。自ら英訳した部品の図面を持って、現地企業を回り、5品目を日本よりも30％安い価格で購買した。同社初の国際調達となり、山下は「国際調達のパイオニア」として社内に知られる存在となる。

その後、1987年からの3年間、山下はフランス工場の立ち上げに関わる。当時、日本製複写機はEC委員会からダンピング提訴されており、部品の40％以上を日本以外の国で調達することが義務づけられていた。山下は欧州に進出する日本の電機会社と交渉したり、現地企業に生産委託するなど調達に奔走した。その結果、安定的に供給してくれるサプライヤーを開拓、フランス工場の稼働開始に貢献する。

3つ目は、1990年、リコー初の国際調達事務所（IPO）の設立だ。山下は1989年、英仏両工場で使う部品を調達するため、香港、中国・深圳《しんせん》へ調査に出かけた。その折、情報が集まる香港での連絡拠点の必要性を痛感し、IPO設立を経営会議で強く訴えた。提案により香港に新設されたIPOは、情報収集拠点としての役割を十分発揮する。山下はリコーの〝国際調達事務所生みの親〟となった。

4つ目は、アジア生産拠点構築の必要性を唱《とな》え、中国・深圳への工場進出を導くきっかけを作ったことである。山下は中国、アジアの部品メーカーを訪ねるたびに異口同音、「工場は日本と欧州ですか。アジアに工場を持つ企業のほうが信頼できる」と言われた。その考えに共鳴した山下はあるとき、アジアに生産拠点を作る案を生産本部長に具申した。本部長は直ちに「アジア工場建設プロジェクト」を発足する。山下を含めたプロジェクトメンバーたちは、工場立地条件などを調査し、最終的に進出先は深圳に決まった。山下はリコー最大の生産拠点誕生の契機を作ったのである。

改革と言えば、英国工場赴任時代（１９９５～２００２年）に行ったマネジメントの現地化がある。日本人による海外子会社マネジメントという慣習を否定した改革だ。山下は、使命は英国工場を現地に根差した消費地生産拠点に成長させることにあると覚悟した。そのため、№２として経営企画を任されていた山下は英国人の実力を発揮させることに腐心《ふしん》する。マネジメントは英国人に任せる。製造・技術・生産管理の部長も、英国人を就けるべきだなど社長に訴えた。提案が実行されると、経営の現地化が進み、販売サポートを実施できる会社へと大きく成長した。

山下良則

さらに山下は2004年、生産統括センター所長になると、従来の開発方式を否定する。これまでも山下は、多品種少量生産が進む中、量産の組み立てラインでいいのか。生産部門は、開発設計の段階で参加すべきではないかなどと問題提起していた。設計後では、組み立てにくい、品質が安定しない等の問題が起こっていた。そこで山下は、設計者が正式な図面を描く前に実施するDR（デザイン見直し）に、生産部門を参加させるなど生産・開発の壁を取り払う改革を行う。その集大成が、大森《おおもり》（東京都大田区）や厚木《あつぎ》（厚木市）などに分散していた開発拠点を集結し、技術開発から生産技術を一ヶ所に集約した「海老名《えびな》テクノロジーセンター」の設立だった。

「リコー再起動」を宣言　聖域なき構造改革を主導

私は、経営者には「夢」、「志」、「使命感」がなければならないと考える。使命感を行動に表すには何が必要か。また、夢を実現する強い意思とは何か。それは「胆力《たんりょく》」、言い換えれば覚悟に他ならない。胆力がなければ、使命感を行動に移すことも、意思を貫き通すこともできない。経営トップは誰しも、失敗したくないと考えている。

しかし、失敗を恐れずに新しいことに挑戦しなければ企業は変わらない。変わらないと企業は潰《つぶ》れる。したがって、トップたる者、リスクを恐れずに新しいことに挑戦し続けなければならない。そのためには、失敗を恐れない胆力が必要となる。

この点、山下良則はどうか。山下は２０１７年、社長に就任すると「リコー再起動」を宣言。ビジネスモデルの変革を掲《かか》げ、聖域なき構造改革を主導する。

山下改革で特筆すべきは、ビジネスモデルの抜本的変革だ。山下は、リコーの成長を支えてきた5大原則――「ものづくり自前主義」「直売・直サービス体制」「マーケットシェア追求」「ＭＩＦ（複合機の設置台数）機拡大」「商品フルラインナップ」を見直すと訴え続けている。

では、ビジネスモデルをどう変えるか。市場が成長している時代は複合機を売りさえすれば、用紙・トナーの消耗品とアフターサービスで利益が出た。ハードウエアの開発競争に勝つことで競争優位を保つことができた。しかし、ペーパーレス化が進むにつれ複合機や消耗品の需要は低迷、価格も下落した。そこで、複合機に顧客が求めるソリューション（課題解決）機能を乗せ、顧客に付加価値を提供するビジネスモデルへと変革する。

つまり、顧客の業務に合わせて、複合機を社内システムと連携させたり、外部のクラウドサービスと連携させるなど端末として活用してもらう。改革の肝《きも》は、まさにデジタル技術によるビジネスモデルの変革にあると言える。

現在、リコーは様々なアプリケーションを開発。例えば、経費精算・管理を効率化する「カンタン経費精算アプリ」。複数の領収書を複合機のガラス面に並べて一括スキャンするだけで、個々の領収書を認識し、OCR（光学式文字読取装置）処理を行ったうえでまとめてコンカー社が提供する経費精算・管理クラウドサービスに取り込むことができる。スキャナーで1枚ずつスキャンする場合と比べ、業務の煩雑さを大幅に軽減することができるのだ。

抜本改革を実行する山下の胆力は、どうやって培《つちか》われたか。

山下は、若い頃から、先輩や上司に対しても言うべきことを主張してきた。29歳のある折、台湾で調達した複写機の電源コードを検査係の先輩社員が20kgの重りをぶら下げて検査をしていた。仕様は10kg。山下が文句を言うと、先輩は「台湾製は初めてだ。心配じゃないか」と言った。「ならば、仕様書に台湾製は20kgと書くべきです」。「そんなこと書けるわけがない」。「じゃ、書けないことをやらないでください」と毅然《きぜん》と言った。山下には、検査は公平、公正に行うべきだという確信があった。

また、1995年、山下が国際調達室計画課長のとき、生産本部副本部長を訪ね、英国工場赴任の挨拶をした。副本部長は開口一番、「お前か、中国のしょうもない部品を買っていたのは。不良品がいっぱい出ている。不良品も原価に入れないと単価にならない」と言った。「ですが、しょうもないでは済みません。中国製は修理してでも使い切らないと原価競争に勝てません」。すると、副本部長は「お前は何もわかっていない」と怒鳴った。山下が主張を曲げなかったのは、中国の勢いを目の当たりにし、将来は中国製が主流となる。その時代を見据えて、中国の品質向上、生産技術育成に腐心すべきだという信念があったからだ。

その後も、山下は、英国工場では経営の現地化、もの作り革新室長のときには開発・生産の一体化、米国REI社長時代には従業員の意識改革など、随所で胆力を発揮し続けた。

リコーの海外生産の拡大に国際調達で貢献

私は長年にわたり多くの有力企業のトップに取材してきた。そこから見えてきたのが、「会社を変えるのはトップではなく、No.2」ということだ。私の言うNo.2とは役職やポジションの「2番目」ではない。企業を変え、成長させる主役だ。トップに意見を具申する参謀であり、ビジョンの具現化を補佐する役割を担《にな》う。また、トップと現場の間を繋《つな》ぎ、社員のモチベーションを高め、自由闊達な企業風土に変えていく世話役でもある。

過去、会社を変えられなかったカリスマリーダーをどれだけ見てきたか知れない。その一方で、「No.2」の活躍によって業績を伸ばしてきた企業、再建を果たした企業もある。No.2の有無が企業の明暗を分けることは、〝歴史〟が証明している。

山下良則もまた、No.2の役割を果たしてきた。1980年、広島大学工学部を卒業後、入社した山下は、資材部資材管理課を振り出しに、資材部購買企画課、資材本部国際調達室計画課長、英国工場社長補佐、生産統括センター所長、米国REI社長などを歴任、随所で〝No.2シップ〟を発揮してきた。

山下のNo.2としての特徴は、常に仕事の本質は何か、自分の役割は何かという「What」に対する答えを追求してきた点だ。「何のために、この会社があるのか」という本質論抜きに、「How To」を議論したところで意味がないと考えてきた。

最初にNo.2的役割を果たすのは資材部購買企画課のときだ。山下は台湾で複写機部品を購買し、国際調達の道を切り開いた。当時、プラザ合意により円高が進み、日本の製造業は工場の海外移転など対応が迫られていた。リコーも例外ではない。山下は資材部長に呼ばれ、台湾での調達を命じられた。入社6年目の若き山下に白羽の矢が立ったのは、「調達に国境はない」が彼の持論だったからだ。

山下による国際調達開始で、資材部は存在感を示すことができ、部員のモチベーションは上がった。その後も山下は、リコーの海外生産の拡大に国際調達面で貢献する。

山下が〝No.2シップ〟をフルに発揮するのは、1995年から7年間、英国工場に事業企画部長兼社長補佐として赴任したときだ。

当時、リコーは中国・深圳に大規模工場を設立、上海《シャンハイ》にも工場新設を計画するなど、中国を世界の供給拠点にすることを検討していた。そのため、山下は「欧州の英仏2工場を1つに集約することを検討せよ」と密《ひそ》かに指示を受けていた。

しかし、山下は現地に赴任すると、自分の使命は、英仏工場とも、現地に根差した消費地生産拠点に仕立て上げることにあると覚悟した。日本本社の生産本部長に繰り返し英仏2社体制持続の必要性を進言し続けた。本部長を納得させるためには生産性を高める必要がある。それには、英国人のモチベーションを上げ、彼らの実力をフルに発揮できる環境をつくらなければならない。

山下が考えたのが英国人自身によるマネジメントだった。製造・技術・生産管理の各部長には英国人を就け、彼らにマネジメントを任せるべきだと工場の社長に具申した。社長は山下案を受け入れ、マネジメントの現地化を深化させた。その結果、英国工場は国内販売サポートを実施できる会社へと成長する。本社も欧州生産は英仏2本立てで続行する方針を固めた。まさに、山下がリコーの世界生産戦略を動かす№2となった証《あかし》だった。

山下の№2シップの発揮は、生産統括センター所長のときにも表れている。それまでも開発・購買一体化を具現化させた山下はさらに、開発・生産の一体化を進めた。部門を超えたクロスファンクショナルな開発体制の具現化で、開発効率を飛躍的に向上させた。

その後、山下は、米国ＲＥＩ社長、常務執行役員総合経営企画室長などを歴任し、社長の近藤史朗（当時）の推進する経営改革を補佐していくこととなる。

経営陣が現場に行かない企業体質を変える

成長する企業の経営者に共通するのはその企業の事業についての現場感覚があること、つまり事業に精通していることだ。経営者が事業の現場感覚を持たなければ、また自社の事業に精通していなければ、既存の考え方やしがらみに囚《とら》われて鋭角的な意思決定ができない。経営者は現場に頻繁に足を運び、現場の生の情報を肌で感じ取り、意思決定を行うことが不可欠だ。

その点、山下良則は、現場感覚を持ち、事業に精通している。しかも、資材調達出身だけに、若い頃から中心の外から客観的に会社を眺《なが》める機会を得ており、会社の裸の事実を冷静に認識し、経営者として改革しなければならない不合理な点をよく見出せた。それが今日の常識を覆す数々の改革の原点となっている。

山下はまず、ビジネスモデルの変革から始める。従来の複合機販売と消耗品、アフターサービスで稼ぐビジネスモデルから、複合機に顧客が求めるソリューション機能を乗せ、顧客にとっての付加価値を提供するビジネスモデルへの変革に取り組む。さらに、自社が取り組むべき事業の範囲を明確にし、半導体事業、飲料水事業、ホテル事業などは取り組むべきでない事業として売却した。今後は商用・産業印刷事業及び、複合機、TV会議システム、電子黒板などの自社端末をアプリケーションと組み合わせ、オフィスと現場を繋ぐ事業に注力する。

山下に鋭角的な意思決定ができるのは、〝三現主義〟(現場・現物・現実)を体感してきており、今も現場の実態を把握しているからだ。「間接情報の管理数値のみでは判断できない」が持論の山下は頻繁に現場に足を運ぶ。対話した現場の社員は754人（2017年度）に及ぶ。

興味深いのは、毎月1回、山下が議長を務める「経営会議」（メンバーは7名の取締役・役員）を地方の事業所で開催していることだ。これまで厚木《あつぎ》事業所（神奈川）、リコーインダストリアルソリューションズ花巻《はなまき》事業所（岩手）、コールセンター（神奈川）などで開催。経営会議3時間のうち、約2時間は工場見学と現場報告に充てている。目的は、経営会議メンバー全員が現場を把握し、現場主義を共有することにある。

そこまで山下が現場主義にこだわるのはなぜか。山下が言う。

「リコーにはものづくりと販売の現場以外に稼ぐところはない。現場で稼ぐ人以外はすべて現場をサポートする。現場でしか問題は起こらないし、解決もできない。にもかかわらず、経営陣のほとんどが花巻工場へも、コールセンターへも行ったことがないという。経営陣が現場に行かない企業体質を変えなければなりません」

山下流現場主義の最終目標は社員のモチベーションの向上にある。その本領を発揮したのが、2006年から3年間社長を務めた米国工場（REI）である。

当時、山下はREIを単なる米国販売法人向け生産工場から中国工場製の複合機を一旦受け取り、顧客ニーズに合わせてカスタマイズする、販売に連動した生産工場へと変革させている。

山下はどうやって変えたのか。まず、ＲＥＩの企業コンセプトを明示し、社員に繰り返し伝え続けた。さらに、社員と顔と顔のコミュニケーションを行う。管理職とは無論、ラインの従業員とも月２回昼食会を続けた。また社内ボランティア活動、ソフトボール大会など社員と様々な時間を過ごすことを心掛けた。

特に山下が心を砕《くだ》いたのは、従業員と一緒に考え、課題を解決することだった。現場を回る際は、直行率（製造ラインの全工程を順調に通過した品物の数の割合）の低下しているラインから回り、「昨日はどうだった」と親身になって聞いた。トップが心配してくれていると思えば、従業員は「チーム全員で頑張ろう」という気持ちが沸き起こる。

現場のモチベーション向上にこそ、改革成功の秘訣があった。

台湾でリコー初の海外調達に奔走

「運」というのは、「私は運が良い」と思う人につき、「運が悪い」と思う人にはつかないようだ。現に、成功する企業の経営者の多くが、私の質問に「自分は運に恵まれた」と答えている。

彼らに共通するのは、逆境でも「運が良い」と思えることだ。人は誰しも同じような体験をして、同じような経験をする。それに対して「運が良かった」「ツキがある」と思えるような人が成功している。例えば、相性の悪い上司についたとする。このとき腐ることなく、「自分自身を鍛《きた》えるいいチャンスだ」と考えることができる。あるいは左遷《させん》されたときでも、「ここでひとつ、冷や飯を食って違う自分を鍛えようか」と思える。どんなつらい経験をも、学習であり、自己鍛錬《たんれん》であり、試練だと思える。そんな「幸運思考」の人が運を摑《つか》んでいるようだ。

山下良則も、「自分は強運だ」と明言してはばからない。広島大学工学部を卒業し、大手複写機メーカー、リコーに就職できたことに始まり、資材本部国際調達室計画課長、英国工場社長補佐、生産統括センター所長、米国工場（ＲＥＩ）社長を歴任し、リコーの経営を任されたことに至るまで、ずっと運が良かった。いわゆる〝エリート街道〟を歩んできたわけではなく、社内に華々しい業績を残した〝スター社員〟でもなかった。現場で地道に仕事をこなす一社員に過ぎなかった自分がここまでやってこられたのは上司や仲間たちのおかげと考えている。

山下のビジネスの原体験は、入社６年目の台湾での部品調達だった。リコー初の海外調達で、先例がない。山下は製品図面の英訳から、仕入先探し、交渉、製品受け取りに至るまで自分１人で試行錯誤を重ねながら行わなければならなかった。

ショックだったのは、台湾では「リコー」という会社名が知られていないことだった。無名のため、まず会社説明から始めなければならない。自社を取り巻く環境が異なることを強く認識した。山下は、台湾では名刺で仕事をしないことを学んだ。また、「リコーとは何か」を改めて考える機会ともなった。こうした台湾での苦労も、「運が良い」と考えた。

山下は逆境でも、「運が良い」と思える人間だ。その好例――。山下がフランス工場の立ち上げに関わっていた1980年代後半、日本製複写機はEC委員会にダンピング提訴されており、部品の40％以上を日本以外で調達しなければ、20％課税するという厳しい措置が取られた。山下は日本製部品を欧州製部品に切り替えるため、現地調達に奔走する。欧州製部品は購買したものの、不良品が続出し、使えない。工場稼働日は迫《せま》り、山下は追い詰められた。しかし、あきらめなかった。当時、欧州へ進出してきた日本の電機会社を精力的に回り、調達に漕《こ》ぎつけた。そうして山下は、1年以上かけて、部品の欧州現地化率40％を達成するのである。

さらに山下は、「会う人はすべて勉強」と思える人間でもある。例えば――。入社7年目のある折、山下が台湾で調達したコンタクトガラスが工場の外に置かれ、雨ざらしになっていた。先輩の検査責任者に、「なぜ、雨の降っているところにガラスを置いているんですか」と抗議した。すると、「台湾製だから曇るかもしれないだろう」と言う。「台湾製は雨の中でコピーするんですか」と食い下がると、「加速度試験だ」と言った。加速度試験とは動作条件を厳しくして劣化を加速してテスト期間を短くする試験である。山下は悔しさのあまり、日本製コンタクトガラスのサンプルを同じように雨ざらしにした。早速、先輩が来て、「何だ、あれは」。「加速度試験です」とやり返した。翌日、台湾製は工場内に移されていた。

山下は、こうした先輩社員でも〝反面教師〟として、自分は常に評価の公平、公正を心がけ、仕事に偏見や、好き嫌いを持ち込まないようにすることを心に誓うのだった。

その後山下は英国工場、生産統括センター、米国工場などに携《たずさ》わり、随所で新しいことに挑戦、目的を達成している。「幸運思考」ゆえである。

上司と部下の対話を重視した人事制度改革

経営者の使命は顧客にとって価値ある商品とサービスを提供することだ。それを実現するのは社員である。それだけに、社員のモチベーションの向上が重要となる。モチベーションが高まるのは、納得したときだけだ。社員は会社の命令や指示では動かない。それだけに、社員が自分の頭で考え、自らの責任で行動する、そんな企業風土を作る必要がある。

山下良則も、社長就任以来、社員のモチベーションの向上に腐心している。社員が士気を高め、実力を発揮する企業風土を構築していかなければ、この激しい社会変化を乗り切ることができないという危機感を抱く。

それは山下が、リコーの成長を支えてきた「マーケットシェア追求」「ものづくり自前主義」など5大原則を見直すと宣言し、ビジネスモデルの変革に精力を注《そそ》いでいることからも頷《うなず》ける。マーケットシェアを追求すれば儲かる時代は終わり、複合機に顧客が求めるソリューション機能を載せ、いかに顧客にとっての付加価値を提供するかが問われる時代が到来している。

そのため、複合機は社内のシステムと連携させたり、外部のクラウドサービスと連携させるなどソリューションを提供する端末機として活用してもらう。山下が言う。

「ハードウエアの魅力でお客様を開拓できる時代は終わった。ハードの上に載せるサービスやソリューションの勝負となると、現場が強くならないと勝てない」

ビジネスモデルを変革するためには、社員1人ひとりが顧客起点に立って、顧客へ提供する付加価値の創出に注力しなければならない。つまり、今まで以上に社員の考える力、提案力、実行力が求められるという。

では、どうすれば社員のモチベーションは高まるのか。

山下はまず、明確な理念、ビジョンを掲げ、社員に向けて自らの言葉で示している。山下が「成長戦略（リコー挑戦）」を示すことの意味は、まさに自らの改革への理念、方向性を社員に向けて自らの言葉でわかりやすい形で示すことにある。この戦略を示した後、山下は国内拠点をすべて回り、自分の言葉で、自分のビジョンを語る伝道を行う。いわば自らの覚悟を全社員に示し続けているのだ。

次に、山下が苦心したのは、「上司の役割」の規定だ。山下は、社員のモチベーションの基本は上司と部下のコミュニケーションと、仲間意識の醸成《じょうせい》にあると考える。いずれも上司の部下への〝気配り〟が必要となる。これは「上司は部下の役に立つべき存在である」という山下の信念に基づく。現場は、部下たちの向こうにあるからだ。

「仕事がネットで、どこででもできるようになると、上司に声を掛けられない〝難民〟が出てくる。私は若い頃、元気になるのは『山下、これはどうなっているんだ』と上司に声を掛けられたときでした。上司に気にかけてもらっていると思うと、やる気が出てきました。もう1つは、同じ目標を持つ仲間がいることを認識させ、声を掛け合う環境をつくる。仲間というのは、結局は思いやり。相互に思いやる気持ちが仲間という集団を作る。これは組織の基本です」

山下の上下の対話へのこだわりは２０１８年4月実施の人事制度改革に表れている。勤務・評価制度改革と並び、「上司と部下のコミュニケーションの質の向上と量の拡大」の項目を付加。上司は週1回、部下1人につき30分以上対話をしなければならないという制度を導入したのだ。

また、山下が大事にしているのが、社員のアイデアとチャレンジ精神の醸成である。一例が「２０３０シナリオ委員会」。目的は２０３０年の社会変化、顧客ニーズを考え、リコーの〝実現すべき提供価値〟と〝ありたい姿〟を提案すること。それらの提案をさらに具体的に詰め、具現化する若手社員の組織も新設した。

若手社員には斬新なアイデアで、中堅には実行段階で力を発揮してもらう。山下流〝社員元気化法〟である。

顧客に付加価値を提供するビジネスモデルへ変革

企業にとっての至上課題は、持続的な成長である。そのため、企業は何をすべきなのか。それが今日の企業経営に求められている最大課題だ。重要なのは、長期的な周期で成長を遂げているかどうかである。持続的成長を遂《と》げる企業風土になっているか。土壌が改良されているか。将来への種まきが行われているかが問われるのである。

山下良則は、ゴーイングコンサーン（企業が事業を継続することを前提にする考え方）を重視する経営者だ。

山下は2017年4月、社長に就任すると、直ちに、「ビジネスモデルの変革」を打ち出し、一気に構造改革を進めた。

今までのように複合機（MFP）を売り、消耗品とアフターサービスで利益を稼ぐビジネスモデルを、複合機にソリューション機能を載せ、顧客に付加価値を提供するビジネスモデルへ変革しなければ、生き残れないという強い危機感からだ。

そして、社長就任10ヶ月目には、リコーを復活させるための長期ビジョン「成長戦略（リコー挑戦）」を社員に示す。2022年度の財務目標「売上高2兆3000億円、営業利益1850億円」を掲げた成長戦略は、①複合機の進化、顧客基盤の最強化、②商用印刷、産業印刷事業の拡大、③オフィスと現場を繋ぐデジタルビジネス創出の３つを同時進行させるというもの。

山下の描く成長シナリオは、世の中の変化への対応⇩ビジネスモデルの変革⇩「マーケットシェア追求」「直販・直サービス」など５大原則の見直し⇩商用印刷・産業印刷事業の強化、医療介護の新規事業育成、となる。

重要なのは、このシナリオは５大原則により実現した、複合機の世界市場拡販が基となっている点。何しろ、顧客数１４０万社（稼働複合機台数４４０万台）という、世界最大の複合機顧客数がリコー最大の強みとなっているのだ。

その強みの再生産こそが成長実現の鍵を握っていると言える。では、どうするか。その解の１つがビジネスモデルの変革により、基盤事業である複合機をデジタルビジネスを支える端末機へと進化させ、顧客にとっての価値を提供し、「顧客満足度№１」を獲得し続けるということだ。現に、山下は成長戦略を言葉で表現するだけでなく、自分の理念や方向性通り、成長戦略を実行に移している。

例えば、顧客にとっての価値を提供するアプリケーションを数多く開発し、様々な顧客へ提供している。また、顧客やベンダー（ＩＴ企業）の意見を聞き、課題をまとめてソリューションをパッケージ化する「スクラムパッケージ」も、建設・不動産、製造業など幅広い業界に提供。さらに、オフィスと現場を繋ぐ電子黒板、テレビ会議システムも旅行代理店などへ積極的に提供している。

山下が特に力を入れているのが基本柱的事業に成長しつつあるプリンティング事業だ。服飾品生地に直接印刷する小型ＤＴＧプリンターや、産業印刷向け大判ＵＶフラットベッドインクジェットプリンターなど次々と新技術を開発。

一方、新規事業としては医療介護分野がある。２０１７年、ミネベアミツミと、生体情報をモニタリングするベッドセンサーシステムの共同事業開発を開始したのを皮切りに、脳滋計測システム事業に参入。これは人の神経活動によって脳から生じる磁気を計測し、脳内の神経活動の伝達を「見える化」する装置だ。

成長を持続するうえで、今、山下が危惧《きぐ》するのは、現場主義の希薄化である。「現場主義の徹底化」を口を酸《す》っぱくして言うのはそのためだ。特に開発部門には、直接顧客へ出向き、顧客の声を開発に反映するよう訴えている。変わりゆく社会の変化、顧客のニーズを肌で感じ取らなければ、「顧客満足度№１」の技術を開発し続けることはできない。

変化し続けることで、持続的成長を遂げる。山下の揺るぎない信念である。

16 根岸秋男《ねぎしあきお》 明治安田生命社長
対面のアフターフォローで保険を変える

「ボリューム＝収益」の考え方の不合理性を指摘

企業改革を成功させている経営者をみていると、会社の主流を歩み順調に出世してきた人よりは、周辺部署や子会社で苦労した人物のほうが多い。傍流《ぼうりゅう》の事業経験や子会社への出向経験が長い人物だと、既存の事業にしがらみがないため大胆な改革ができるということがある。

さらに重要なのは、傍流組は客観的に会社を眺《なが》められる機会を得ているため、会社の裸の事実を冷静に認識し、改革しなければならない不合理な点をよく見出せることである。

明治安田生命社長の根岸秋男の場合がそうである。入社後13年間、確率・統計論を駆使して保険料率などを計算するアクチュアリー（保険数理士）だった。営業畑が主流の生保では典型的な〝傍流組〟だ。

それだけに2013年7月の社長就任時には「大手生保初のアクチュアリー出身の社長誕生」と業界の話題となった。

根岸は、1981年、アクチュアリーとして入社以来、営業所長、商品課長、支社長、企画部長などを歴任、随所で改革精神を発揮してきた。

社長に就任してからも、一貫して「対面のアフターフォローで保険を変える」と訴え、14年ぶりに主力商品を発売する一方、医療・介護分野をはじめ、働く女性、高齢者、退職者へのサポートなど新分野のマーケット開拓に挑戦し続けるといった具合に、改革の手綱《たづな》を緩《ゆる》めることはない。

新しい挑戦で、見逃せないのは、2015年から「Jリーグタイトルパートナー」となり、「明治安田生命Jリーグ」をスタートさせたことだ。根岸は、Jリーグの「地域に根差したスポーツクラブを核として、豊かなスポーツ文化を醸成《じょうせい》する」という考え方に共感したからだという。現在、同社の全国の支社等がJリーグ所属の全クラブとスポンサー契約を締結し、全社一丸となって応援している。

もう1つは、「お客様」「地域社会」「働く仲間」の健康増進を支援する「健康増進プロジェクト」を始動したこと。加入後の健康維持・改善の「結果」に対してメリットを提供する「商品」、病気の予防・早期発見のためのプロセスを支援する「サービス」、未加入者を含む地域社会の顧客を対象とする「アクション」の3つの分野の取り組みを2019年4月から本格的に展開する。これまでの「病気になったときのため」の保障にとどまらない新たな価値の提供を目指す。

こうした根岸の改革精神は、不合理性を感じたアクチュアリー時代に培《つちか》われた。30代前半のことだ。職務上、保険の負債の特性や収益の構造は深く理解している。数字で見る限り、収益が安定的に得られず、会社の安定成長が実現していない。目先の売り上げに囚《とら》われる経営になっている――。収益は契約が継続して初めて得られるが、継続率は極めて低い。営業職員が顧客のアフターフォローをしていない――等々。

根岸秋男

根岸は、営業戦略を立案する営業企画部や全国支社の旗振り役の業務部など関連部署に、保険の売り方や高コスト施策に対する改善案を提示したり、不合理な点を突き付けたりした。ところが、どの部署も聞く耳を持たない。右肩上がりの時代だったため、各社とも量を拡大すれば収益はついてくるという「ボリューム＝収益」の考え方に囚《とら》われていた。同社も例外ではなかった。

アクチュアリーに限界を感じた根岸の背中を押したのは、「お前は営業向きだ。営業をやってみたらどうだ」という先輩の一言だった。根岸は志願して、上尾西営業所長（埼玉県）になる。アクチュアリー初の営業所長の誕生だった。

注目すべきは、アクチュアリー時代の傍流体験が所長職に就いたときに生きたことだ。根岸は営業職員に「売る力」を身に着けさせることを最優先課題とした。

そのため、毎日の朝礼では、商品の説明と売り方に時間を割《さ》いた。既存の考え方に囚われていた所長のように営業目標達成の檄《げき》を飛ばすなどということはしなかった。

他方、できるだけ営業職員と一緒に顧客回りをし、自分という人間を理解してもらうことに腐心した。その結果、着任2年目には「特別社長賞」を受賞、最高額の業務奨励金が支給される。根岸は、業績、品質共に同社トップクラスの営業所に仕上げたのだ。

特筆すべきは、その後3年務めた商品課長時代に、保障部分と貯蓄部分を明確に分け、必要に応じて保障見直しができる画期的な新型商品「ライフアカウントL．A．」の開発を主導したことだ。商品には、「保険は見直しが自在でなければならない。アフターフォローに焦点を当てた保険を作りたい」という根岸の熱い思いが込められていた。

その後、滋賀支社長に就いた根岸は、業績向上で2年連続表彰される。そんな折、同社は不払い問題で金融庁から行政処分を受け、根岸は２００５年４月に本社に呼び戻された。

その年の秋、二度目の行政処分を受け、急遽《きゅうきょ》社長に就任した松尾憲治は再生プログラムを策定、矢継ぎ早の改革を行う。その一連の改革を主導したのが根岸であった。

アクチュアリーから営業へ転身 発言力を強める

成長を遂《と》げる企業の経営者に共通するのは、社会に役立ちたい、社会のためにこういうことをやりたい、という「志」を立てていることだ。

根岸も、一貫して「世のため、人のため」に役立つ人間になりたいという「志」を持ち続けている。志は不変だが、達成手法は与えられた使命や役割によって異なる。

アクチュアリー（保険数理士）、管理職、役員時代……と各時代での使命をしっかり果たし、現在は第4ステージの経営トップとしての役割「世のため、人のため」という自発性の企業文化を企業に埋め込むことに挑戦する。恒常的に利益を上げることは大前提だが、利益が上がりさえすれば何でもよいというわけではない。継続的社会貢献を行うには手段として利益が必要と考える。

根岸が2017年4月に策定した3ヵ年プログラム「MYイノベーション2020」で掲げる4つの成長戦略――「お客様数の拡大」「新たなマーケットへの取り組み」「資産運用の高度化」「先端技術等によるイノベーション」は、志を果たすための不可欠なビジョンなのである。

根岸が志を抱くようになったのは、中学生の頃から坂戸《さかど》市（埼玉）発展のため、一所懸命に働く市会議員の父の姿を目の当たりにしてきたからだ。同社に入社したのは、早稲田大学で専攻した数学で社会に役立ちたい、また13年続けたアクチュアリーの道を放棄し、営業へ転出したのも、企業改革で社会に役立ちたい、と思ったからである。

重要なのは志を果たすプロセスである。まず難関のアクチュアリー試験を6年かけて突破したこと。同社の約60名のアクチュアリーは、多くは試験に合格するのに7年〜10年を要している。

「論文以外は一発で合格しましたが、論文試験に合格するまで6年かかりました。論文は『生命保険における解約控除のあり方について考察せよ』などというもので、答えがない。いかに論理的に展開して自分なりの答えを導くか、という論理思考を求めている。私は国語が苦手で、思っていることをうまく表現できない。このままでは絶対受からないと思い、先輩にお願いして論文を添削してもらいました」

１９８７年に合格して以来、アクチュアリーの道を究《きわ》めようと努力を重ねた。

そんな根岸が営業へ転身したのは、発言力の弱いアクチュアリーに限界を感じたということもあった。根岸は専門家として実績を重ねるに伴い、安定的に収益を稼ごうとしない会社の方向性に疑問を呈《てい》するようになる。入社10年目頃には、①収益の改善政策、②契約の継続率の向上、③コスト削減の必要性、④量優先からクオリティ優先の営業への転換、⑤営業職員の評価制度の見直し――などを、所属部署だけでなく、関連部署である営業企画部、業務部などにも提言するようになった。

ところが、「営業を知らないやつが何を言うのか」と誰も聞こうとしなかった。根岸の問題意識は専門職の範囲を超えたところにあった。営業所長を志願したのは、1つは会社への提言力、発言力を高めるためだった。

当時、生保会社の成長は販売力で決まるといわれ、営業の現場の指導者を直接経験することで会社の成長の本質や構造を理解できると考えたのだ。もう1つは、会社の状況を表している数字の裏に隠されているものを発見したいと思ったからだった。

見逃せないのは、根岸の「率直」さである。根岸は第1、第2ステージの随所で、上司や先輩たちと口角泡を飛ばして議論し、ぶつかっている。しかし、最終的には根岸の主張が受け入れられている。「理」と「情」で人を説得し切る人並み外れたパワーがあるのは事実だが、納得させたのは率直な人柄である。

サラリーマンは、思った通りのことを話すと怒りや恨みを買う。場合によっては左遷《させん》されるかもしれない。そのため率直にものを言うのをためらう。しかし、根岸は率直に意見を言い続けた。共鳴者が増えていったのは、意見の拠り所が「会社のため」、引いては「世のため、人のため」という「志」にあったからである。

毎年保障の見直しができる日本初の画期的な商品を開発

企業が長きにわたって成長を遂げるには「№2」は不可欠な存在である。私の言う№2とは役職やポジションの「2番目」のことではない。企業を変え、成長させる主役である。役職は副社長かもしれないし、中間管理職、あるいはヒラ社員かもしれない。№2はそれぞれのレイヤー（階層）に存在するのだ。№2の役割は2つある。1つはトップマター。トップに意見を具申する参謀であり、ビジョンの具現化を補佐する役割を担《にな》う。もう1つはトップと現場の間を繋《つな》ぎ、社員の自発性を引き出し、モチベーションを高め、自由闊達な企業風土に変えていく世話役である。

根岸秋男ほど、№2の役割をフルに果たしてきた経営者はいない。なにしろ、先々代社長の金子亮太郎そして先代社長の松尾憲治の2代にわたり15年間№2として活躍、同社の経営改革及び企業風土の変革に貢献している。しかも、参謀役と社員の世話役の2つの役割を全《まっと》うした。先々代社長時代は舞台づくりを黒子となって行う世話役、先代社長時代は参謀役・補佐役をそれぞれ務めている。

根岸が№2として頭角を現したのは、アクチュアリー（保険数理士）、営業所長を歴任後、商品課長に就いてからだ。当時、生保業界は新規契約が伸び悩み、解約が増えるという厳しい状況にあった。主力商品が顧客のニーズに応えられなくなっていると判断した当時の社長は、新商品の開発に着手する。その際、実施した顧客の不満調査で、①生命保険の商品は融通がきかない、②生命保険は保障と貯蓄が1つになっていてわかりにくい、③アフターサービスが少ない――という三大不満があることがわかった。

「主力を変えるような商品を3年で開発しろ」と命じられた根岸は、2000年、保障と貯蓄機能を分けた新型商品「ライフアカウントL.A.」（L.A.）を開発した。毎年保障の見直しができる日本初の画期的な新商品だった。

原動力となったのは、開発部隊1人ひとりの高いモチベーションであり、現状を変えようとする熱意、成長への情熱だった。根岸は、チーム力を高めると同時に、組織連携を行うため関連部署間とのコミュニケーションの緊密化に心を砕《くだ》いた。さらに、部署の枠を超えて、業務運営を含む営業政策そのものを変革する全社プロジェクトを立ち上げ、事務局長として差配した。

船出はスムーズとは言えなかった。新商品の発売に伴い、従来型主力商品の販売中止に対する強い抵抗があった。特に営業の旗振り部門の反発は強く、根岸は担当役員を「情」と「理」で説得するのに半年かかった。

商品課長に続き、営業戦略を立案する営業企画課長、支社・営業所の旗振りをする業務課長を歴任し、新商品を大ヒットさせる一方、アフターフォロー重視の企業風土に変えることに腐《ふ》心《しん》した。

根岸がトップの参謀・補佐役となったのは２００５年12月の松尾社長誕生以降だ。同社が二度目の行政処分を受け、会長、社長以下11人の役員の退陣に伴い、急遽社長になった松尾の使命は「会社再生」だった。

根岸は「松尾社長についていく」と決意し、会社再生に向けて大胆に挑戦していくことを心に誓った。企画部長として業務改善計画と「再生プログラム」を策定し、改革を主導した。さらに経営理念の修正、ＣＳＲ経営宣言の策定、指名委員会等設置会社への移行など経営の透明性の確保に向けた取り組みに着手した。

ある日、根岸は松尾に「ボリュームではなく、クオリティにこだわった営業への転換が必要」と具申した。すると、松尾は「そこまで言うのなら自分でやれ」と営業企画部長を任せた。

根岸は、営業職員の教育を新規契約重視からアフターサービス重視の教育へと変えた。また、営業職員の処遇評価を変え、固定給を引き上げるなど「個人営業改革」を行った。改革は奏功《そうこう》し、根岸は事務サービス企画部担当執行役、常務へと上り詰め、№２として一連の松尾改革をサポートするのである。

アフターフォローこそが顧客満足を高めると確信する

成長する企業の経営者に共通するのは、自分の理念やビジョンを自分の言葉で、粘り強く、繰り返し、繰り返し伝え続けていることだ。根岸も、愚直に理念を自分の言葉で語り続けている。

根岸は社長になるとまず、経営ビジョン「ＮＥＸＴチャレンジ――感動を生み出す生命保険会社へ」を示す。その意味は、まさに自らの改革への理念、戦略を社員に向けて自らの言葉でわかりやすい形でまとめて示すことにある。その策定は根岸が自らの思いを語り、企画部門がそれをまとめる形で行われた。根岸は２０１３年秋にこの構想を示した後、全国の支社を回り、理念、ビジョンを語る伝道を行っている。経営ビジョンの肝《きも》は、「明治安田生命＝アフターフォロー」の企業イメージを浸透させるブランド戦略にあった。

そして根岸は、２０１７年４月、経営理念、企業ビジョンを一新し、「明治安田フィロソフィー」を策定する。経営理念は「確かな安心を、いつまでも」、企業ビジョンは、「信頼を得て選ばれ続ける、人にやさしい生命保険会社」とした。さらに、２０１７年４月から開始した３ヵ年プログラム計画「ＭＹイノベーション２０２０」では、「成長戦略」「経営基盤戦略」「ブランド戦略」を推進、企業価値の向上を目指している。同時に、従業員の主体的行動を促《うなが》して風土醸成を図る「企業ビジョン実現プロジェクト」を立ち上げている。

根岸は社員に訴える。

「生命保険は、社会保障制度を補完する重要な役割を担っている。何百万という数の保険契約の1件1件が、そのご家族の愛や想いがこもった命綱に他ならない。このような、お客様1人ひとりの想いを肌で感じ、生命保険に携《たずさ》わる者としての強い使命感を持って、自身の仕事に向き合って欲しい」「お客様との絆を大切にし、『思いやり』の気持ちを高め合う。そして、地域社会との絆を大切にし、地域愛にあふれる、働く仲間との絆を大切にし、多様な発想を支え励ましあえる、そんな企業風土を創造しよう」「お客様の人生に寄り添い、安心と安心感を提供して、より豊かな生活をサポートしている私たちのビジネスの社会的評価を一層高めていかなければなりません。その実現に向けての軌道を作っていきたい」等々。

契約は始まりに過ぎない――。

根岸の〝アフターフォロー〟への強い思い入れは、今に始まったわけではない。1994年、アクチュアリー（保険数理士）から営業に転出、営業所長になって以来ずっとこだわり続けてきた。きっかけは、営業職員に売る力をつけさせるため、毎朝、商品や商品の売り方を長時間説明していた根岸に対してぶつけてきた、ある営業職員の言葉だった。

「あなたは私たちの後ろしか見ていない。所長は私たちがお客さんのところでどれだけどのような苦労をしているか、わかりますか。私たちの後ろからではなく、営業職員とお客さんの間に立って指導してください」

根岸は衝撃を受けた。営業職員の活動の7割は顧客を見つけて、仲良くなることだった。ところが、指導者は残りの3割の〝売り〟の部分、つまり顧客ニーズの喚起とプランニング・ソリューションの提供から、納得してもらうまでの過程しか見ていなかった。

そのことを新たに発見した根岸は営業職員と一緒に顧客回りをしながら「7割の苦労を無駄にしないためには契約いただいたお客様に満足していただくことだ。アフターフォローこそがお客様満足度を高めるキーポイントだ」と確信していった。

保険は、見直しを前提にしたものであるべきだ。ならば、見直しが自在のアフターフォローに焦点を当てた保険を作ろう――。

その後、商品課長に就いた根岸は、満を持して保障の見直しが自在にできる「ライフアカウントL.A.」(L.A.)を開発する。L.A.は大ヒットした。

しかし、数年後販売の勢いは減速する。根岸が予想した通り、いくらよい商品を開発しても、それを売る営業職員たちの評価や営業職員たちを指導する人たちの評価、さらに業務推進の在り方などを総合的に見直さない限り、限界があった。根岸はのちの再生計画に繋がる問題意識をすでに有していた。

根岸が本格改革に着手するのは、営業企画部長のときだ。まず、比例給中心から固定給中心の給与制度に変えるなど個人営業改革を行う。その結果、営業職員は顧客へのフォローに注力するようになった。

その後、根岸は事務サービス企画部担当執行役となり、事務サービスを改革する。IT（情報技術）化で紙も、顧客との現金授受も、7割減らす計画を実行した。発想の原点は「顧客満足」にあった。顧客の利便性、手続きの正確性への追求から生まれた発想だった。きっかけは、東日本大震災だ。

「震災のとき、うちの営業の現場はどこよりも早く、正確に、親切に安否確認と支払い手続きを実行してくれた。営業職員こそがうちの強みと確信しました。強みを生かすには事務周りを最先端のITで革新し、アフターフォローで勝負を賭けようと決心したのです」

そうした根岸の信念は固く、2014年には長期にわたり顧客1人ひとりに合わせた「アフターフォロー」を具現化した新主力商品「ベストスタイル」を開発している。

顧客満足を徹底追求した経営改革を断行

出世する人の共通項は、先見性、判断力、行動力、高潔性、率先垂範《そっせんすいはん》……といろいろ挙げられる。とりわけ、誰もが納得するのは業績を大きく上げていることだ。その典型例が根岸だ。根岸は、営業所長、商品課長、支社長、企画部長、執行役……と昇格するたびに期待をはるかに超えるような業績を上げている。しかも、あらゆる機会を捉《とら》えて、与えられた使命を超えて仕事の範囲を広げているのである。それが随所に評価され、最終的には54歳の若さで企業の頂点に上り詰めるのである。

では、どうやって業績を上げてきたか。根岸は入社以来、問題意識を抱き続けてきた。今、われわれが行わなければならないことはもう一度生保事業の本質まで立ち戻って、時代環境の変化を踏まえて考え直すことではないか。

つまり、原点回帰である。アクチュアリー（保険数理士）として同社の低い営業職員の定着率、低い契約継続率による収益への影響など現実の数字を直視し続けてきたのが問題意識の始まりとなった。

営業所長のとき、根岸はクオリティ、営業成績ともに全国のトップクラスへと導いている。ポイントは営業職員に〝売る力〟を身に着けさせたことだ。商品知識、売り方などを詳しく説明し、理解させることに腐心すると同時に、自ら率先して顧客への商品提案やアフターサービスを実践することに心血《しんけつ》を注《そそ》いだ。

当時、生保業界は「ボリューム＝収益」主義が蔓延《まんえん》し、現場では新規契約獲得の拡大が声高に叫ばれていた。同社も例外ではなく、営業所はどこも、新規契約の目標数字の達成を競い合っていた。

しかし、根岸は目標達成の檄《げき》を飛ばすのではなく、「顧客との接点づくり」「提案のきっかけづくり」「顧客の要望を踏まえた最適な提案」という、一連のプロセス指導に注力した。

商品課長のときも、見直し自在な新商品「ライフアカウントL．A．」の開発を主導しただけでなく、部署の枠を超えて営業政策そのものを変革する全社プロジェクトを立ち上げ、事務局長として差配している。続く営業企画課長、業務課長のときも、通例や常識をどうやって破るかの連続だった。営業職員の評価制度の変革など部署横断的な課題解決に取り組んでいる。根岸は常に顧客の立場に立って考え抜いていた。

さらに、支社長のときは、業績を大幅に上げ、2年連続で「優秀支社」として表彰された。配下の営業所長に対して顧客への対面によるアフターフォローの価値を繰り返し訴え、〝売る力〟を営業職員に身に着けさせるよう、指導したことが奏功したのである。このとき根岸は、プロセスの向上により業績は伸び、営業職員の処遇向上と会社の成長につながると確信した。

続く企画部長時代。2005年の保険金の不払い問題で、一度目の行政処分を受けた直後、支社長から企画部長に異動した。その後、二度目の行政処分を受け、常務の松尾憲治が社長に就任した。以来、根岸は志を同じくする松尾の懐刀《ふところがたな》として短期間で業務改善計画と再生プログラムを阿吽《あうん》の呼吸で策定した。経営理念の修正、CSR経営宣言の策定など経営の透明性の確保に向けた取り組みに着手する。

その後、営業企画部長のときは、顧客満足度の徹底追求による安定成長を目指した「個人営業改革」に挑戦した。さらに、次の事務サービス企画部担当執行役時代は、顧客の立場に立って利便性、手続きの正確性を追求する「事務サービス改革」を行った。以降、根岸は松尾と一緒に経営改革を断行し続けてきた。

根岸は、異動するたびに「お客様がすべての評価者だ」という思いで、風土改革への取り組みに貢献してきた。

「僕は、近江商人の売り手よし、買い手よし、世間よしの『三方よし』に、〝会社よし〟を加えて『四方よし』の経営を目指しているんです。三方よしがあって、会社がよくなる。一番理想的な形ですね」

「明治安田フィロソフィー」の実現のため3ヵ年プログラムを推進

成功する企業の経営トップには「夢」や「志」、あるいは「使命感」がある。夢の実現を目指すという意思が企業の成長の根源にあるのだ。

では、使命感を行動に表すには何が必要か。また、「夢」を実現する強い意思とは何か。

それは「胆力《たんりょく》」、言い換えれば「覚悟」に他ならない。覚悟がなければ使命感を行動に移すことも、意思を貫き通すこともできない。

近年の経営トップは決断しない、と言われる。決断することは、場合によっては自己否定、過去の否定に繋がりかねない。それだけに、決断を下すには覚悟と胆力を要する。

ビジョンや目標は誰でも描ける。しかし、それを実現すべく実行するとなると胆力が要る。新しいことに踏み出すときはなおさらだ。新しいことに挑戦しなければ企業は変わらない。変わらないと企業は潰《つぶ》れる。

したがって、トップたる者、リスクを恐れず絶えず新しいことに挑戦し続けなければならない。そのためには、失敗を恐れない胆力が必要となる。

根岸は、そんな「胆力」のあるトップの典型例である。根岸ほど、若い頃から使命感を持って会社を変え、企業風土を変えることに心血を注いできたトップはいない。

現在、根岸の挑戦は、２０１７年４月に策定した、「明治安田フィロソフィー」を浸透させ、その実現を図ることにある。フィロソフィーは、経営理念「確かな安心を、いつまでも」と、企業ビジョン「信頼を得て選ばれ続ける、人に一番やさしい生命保険会社」などから構成される。

根岸は、経営理念は、「お客様に生涯にわたって安心を提供していく責任を表す。これまで当社が注力してきた長い時間軸の中で提供するアフターフォローと通じる」。また、企業ビジョンは、「明治安田生命は『人が良く』、『あたたかい』ところを強みにし、お客様に評価していただくことを目指す」と言う。

このフィロソフィーの実現に向けて、根岸はイノベーションを興《おこ》すべく3ヵ年プログラム「MYイノベーション2020」を推進している。前3ヵ年プログラム「明治安田NEXTチャレンジプログラム」では、次の10年に向けた基盤づくり計画を達成、現プログラムでは、「成長性」「収益性」「健全性」のバランスを取りながら企業価値の向上を目指す。成長戦略・経営基盤戦略・ブランド戦略を推し進め、12の改革で革新的な取り組みを行う。2017年度の「お客様満足度」と「企業好感度」は過去最高値を実現している。

根岸の胆力は、にわかにつけられたものではない。若い時代からその有無が試され続けている。入社以来、随所で改革を訴え、周囲を説得して改革を成し遂げ、その後また新たな改革へ挑戦するという、その繰り返しだった。

胆力は、「会社をよりよくしたい」という使命感から生まれ、使命感は「社会に役立つ人間になりたい」を信条とする生き方から生じた。

それを表すエピソードの一例を挙げると――。保障の見直しが自在の新商品「ライフアカウントL.A.」を開発した商品課長時代、根岸は営業の文化を抜本的に改革している。

各営業所に貼られていた営業職員の成績グラフを、保険金額から収益に連動した指標に変えた。営業職員の処遇は収益指標に基づいて決定するが、グラフには保険金額が記されていた。同じ額の保険金でも、商品や顧客の年齢によって収益指標は異なる。

営業職員のプライドは、保険金額だったが、給料は収益指標に基づくという矛盾があった。そこで根岸は営業目標の象徴であるグラフを収益指標に変え、営業職員と会社の幸せを一致させようと考えたのだ。ここで留意すべきは、営業所の運営は営業部門の守備範囲であり、商品課が口を挟《はさ》むべきことではなかったことだ。つまり根岸の越権行為だった。

「勢いがなくなる」などと反発の声があったが、根岸は粘り強く訴え、情熱を持って説得した。

その後も、企画部長時代に経営理念の修正等、また営業企画部長時代に「個人営業改革」、さらに執行役時代に「事務サービス改革」……と矢継ぎ早の改革を行ってきた。いずれも自らのリスクを顧《かえり》みない胆力と覚悟の結果だった。

前社長の松尾憲治も、胆力のあるトップだった。不祥事を受けて社長になった松尾は「すべてを変える」と宣言する。この松尾に根岸は「ついて行く」と決心した。

松尾の「お客様を大切にする」という揺るぎない信念と、「お客様を鏡にして会社をよくしていきたい」という考え方に共鳴しただけでなく、人間として「ブレない」「誠実な」ところに魅了されたからだ。

根岸は、「松尾社長のＤＮＡは経営の〝ど真ん中〟にある」と表明している。

松尾から根岸に受け継がれた10年に及ぶ大改革はまさに〝2人の胆力〟から生まれた結晶と言っても過言ではない。

本書は夕刊フジに「成功するトップ」「挑戦するトップ」と題して、二〇一六年一一月二五日〜二〇一八年九月二七日に連載したものを再構成・加筆しています。

著者略歴

一九五〇年、兵庫県に生まれる。ジャーナリスト。テレビディレクター、ニューヨークの雑誌スタッフライターを経て、一九八三年に独立し、新聞、週刊誌、月刊誌で精力的に執筆。逃亡中のグエン・カオ・キ元南ベトナム副大統領など、数々のスクープ・インタビューをものにする。現在は国際経済をはじめとして、政治・社会問題など幅広い分野で活躍。これまで五〇〇〇人以上の経営者にインタビュー。ダイエーの創業者・中内㓛には一九八三年の出会いから、逝去まで密着取材を続けた。

著書には『流通王——中内㓛とは何者だったのか』『柳井正　未来の歩き方』『作らずに創れ！イノベーションを背負った男、リコー会長・近藤史朗』（以上、講談社）、『続く会社、続かない会社は№2で決まる』（講談社+α新書）、『「使命感」が人を動かす——成功するトップの絶対条件』（集英社インターナショナル）、『社長の危機突破法』（さくら舎）などがある。

確信《かくしん》と覚悟《かくご》の経営《けいえい》
——社長《しゃちょう》の成功戦略《せいこうせんりゃく》を解明《かいめい》する

二〇一八年一〇月一一日　第一刷発行

著者　大塚英樹《おおつかひでき》
発行者　古屋信吾
発行所　株式会社さくら舎　http://www.sakurasha.com
東京都千代田区富士見一-二-一一　〒一〇二-〇〇七一
電話　営業　〇三-五二一一-六五三三　FAX　〇三-五二一一-六四八一
編集　〇三-五二一一-六四八〇
振替　〇〇一九〇-八-四〇二〇六〇
装丁　石間　淳
写真　中野和志+中村介架
印刷・製本　中央精版印刷株式会社

ISBN978-4-86581-169-8